国語教師が教える

二百字作文練習

楽しく身につくシンプルな文章表現
―短文から長文まで―

金子　泰子【著】

溪水社

20×10

目　次

ステップⅣ　おさらいの学習……131

国語教師が教える

二百字作文練習

楽しく身につくシンプルな文章表現

―短文から長文まで―

ステップを踏み出す前に

あなたも書いてみませんか。二百字のマス目の原稿用紙に、気軽にスケッチする気分で。書きたいことだけ、無駄は省いて。見聞きしたこと、触れたこと嗅いだこと。味覚も忘れずに。身体で感じたことは、思考の核になります。ことばが思いをかたちにします。難しいきまりより、よりよく伝えるノウハウや思考をまとめる工夫を学びましょう。手引きと例文を参考に、自分のことばでマス目を埋めてみませんか。二百字が表現力を磨きます。

10 × 20

一　二百字作文とは

一種のことば遊びです。しかし、作文技術の学習には予想外の効果を持っています。二百字以下ならどんな字数でもいい、というものではありません。句読点、会話符号なども正確に原稿用紙のマス目に入れて、二百字ちょうどの作文を書くのです。一字多くても、一字少なくてもいけません。二百字の原稿用紙の、**第一行目の一マス目から書き始め**、二百字の**最後のマス目に句点（。）がくる**ように書かなければなりません。なぜ、このようなことをするのでしょうか。それは、このきまりに沿って、二百字ちょうどの文章に仕上げるために、何回も文章を読み返し、推敲を重ねることになるからです。その結果、短文の積み重ね、接続詞を使わない文連節、変化のある文末表現など、現代的な文章を書くときの基本技術を知らず知らずに習得するのです。

本書では、課題に沿って二百字のマス目を埋めながら、文章表現の練習をします。解説はもとより、手引きや例文も十分に準備しました。いつの間にか作品がたまり、その自信があなたを次のステップに誘《いざな》います。文章表現の旅に終点はありませんが、道中が楽しいことは請け合います。どうぞ、このことばを信じて、マス目を埋めてみてください。

巻末資料1に二百字作文練習用紙を準備しました。四百字詰原稿用紙を使って代用することもできます。課題2〜7まで、同様の練習用紙で練習しましょう。

二　練習を始める前に

練習に入る前に、これまでの作文学習について感じていることを書き留めておきましょう。今後の変化を把握するためにも、今の思いを素直にことばにしておきましょう。

課題1　これまでの作文学習を振り返る

きちんとまとめるとか、上手に書かなければという心配は無用です。今の不安や疑問、こんなことがわかればいいのだがという期待などを記しておけば、練習の過程で懸念が消失したり、新たな問題が生じたり、思いがけない発見があったりするものです。

条件（課題を書くときに気をつける基礎的文章表現技術のことです。）

条件①　原稿用紙を正しく使う

原稿用紙の使い方は、読みやすさが考慮されています。巻末資料2を参考にしながら、手書きで読みやすい原稿にしましょう。

条件② 文章に題をつける

文章を書くときは、はじめに題も考えましょう。指導者によって与えられる課題は、これに関することを書きましょうというだけのもので、あなたの書く文章の内容を端的に示すものではありません。途中で何度変えてもよいので、どんな題が自分の文章にふさわしいかを考えましょう。題をつけることは、書くべき内容を絞り込む手助けにもなります。

＊ 題をつける時のポイント

・内容が一目でわかる
・具体的（イメージ化が容易）である
・読み手の興味をひく

■手引き■

・書き始める前に、五人程のグループに分かれて意見交換会を開きましょう。どのような指導を受け、どのように学んだか。今の自分の課題は何だと思うか。そのためにどのようなことを学習したいか。自由に話し合いましょう。
・制限時間は三十分程度、字数は原稿用紙三枚（千二百字）以内に納めましょう。
・これまでの作文学習を振り返り、今の自分の問題点を明らかにしておくことが、今後の学習につながります。まずは、ことばにすること、それが第一歩であり、自分なりの答えを見つけるための早道でもあります。

《題目例》

作文力は経験偏差値　／機械的から脱する機会に　／他人に見られることは「恥ずかしい」

「個性」の発見　／「書く」ことを好きになり、文章の「良し悪し」がわかるようになりたい

作文から逃げない　／まず自分が学び、それをもとに教えたい

大学生になっても意見が言えない、書けない　／作文評価の方法　／筋の通った文章を書きたい

「伝えたいこと」が「書けない」苦しみ　／大学十四年生の作文

課題1「これまでの作文学習を振り返る」学生作品例

表現の歓び

C・H

今回「書く」ということについて、課題1を書く前にグループで話し合った結果、二つの課題が浮き彫りとなった。まず一つは、大学へ進学するまでに「書く」力を問われる機会が少ないことだ。自身も含め、メンバーの多くは、中学、高校における学びの中で、何かまとまった文章を書くことを求められたことは少ないという。

それは恐らく中高の教育現場だけではなく、高校進学或いは大学進学につながる受験において「書く」力が重要視されていないという点に問題を求められるだろう。受験生全員の答案を採点する人数と時間の確保、そして採点基準の設定が現実的に困難であるというのが実情であろうが、そうした受験体系が大きな問題を孕んでいるのは間違いなく、見直されるべき課題であろう。

さらに言えば、中高の学びの場で、たとえ受験に直結しなくとも「書く」機会を多くとるべきであると感じる。中高の中規模クラスというのは教師が生徒に一対一で指導できる最後の場だと認識しており、生徒により寄り添った指導が必要であろうと考える。

一点目の課題が受験体系というマクロなものだとすると、二つ目のそれは私自身にクローズアップしたものだ。これまで国語教育を受けてきた中で、文章の要点をまとめ要約する力は鍛えられてきた。しかし一方で、自分の意見を書くというのには、未だに苦手意識が残っている。というのも、文章による自己表現というのは時にとても恥ずかしいものだからだ。自ら考え文に記し、そして他者に読まれるというのは、自らの心の内を見せているようで恐ろしくさえ思える。

だが、互いの表現を認めながら読み、そして書き続けることで他者と心を通い合わせられるならば、それ以上の歓びはない。この授業を通しその歓びを得られるならば本望だ。

三　課題条件法によって

与えられた課題と条件に見合う文章を書く練習をします。これまで無自覚であった点に配慮し、自覚的に条件に合わせて書くのです。そのようにして書き上げた後に、設定されていた課題や条件との適合度を確認し、修正する学習方法が「課題条件法」です。課題の指示によって書くべき内容が限定されているために、守るべき条件に注意を集中させて練習ができます。何度か繰り返すうちに、いつの間にか基礎的な文章表現技術が身に付くはずです。気楽に始めてみてください。

ところで、あなたはどんな文章を書きたいと思っていますか。はじめに「良い文章」の定義を共有したいと思います。

良い文章とは
自分にしか書けない（個性的・主観的）ことを
だれが読んでもわかるよう（普遍的・客観的）に書いた文章

（梅田卓夫ほか編集（二〇一五）『高校生のための文章読本』ちくま学芸文庫 p.377）

本書では、「だれが読んでもわかるように」の部分を重点的に練習します。「自分にしか書けないこと」は、書き手のあなた自身が見つけるものです。

あなた自身のことばで、たくさんの「良い文章」が生まれることを願っています。

ステップⅠ
例えばこんなふうに

ペンを片手に、手引きや例文を参考にしながら、
課題に挑戦しましょう。

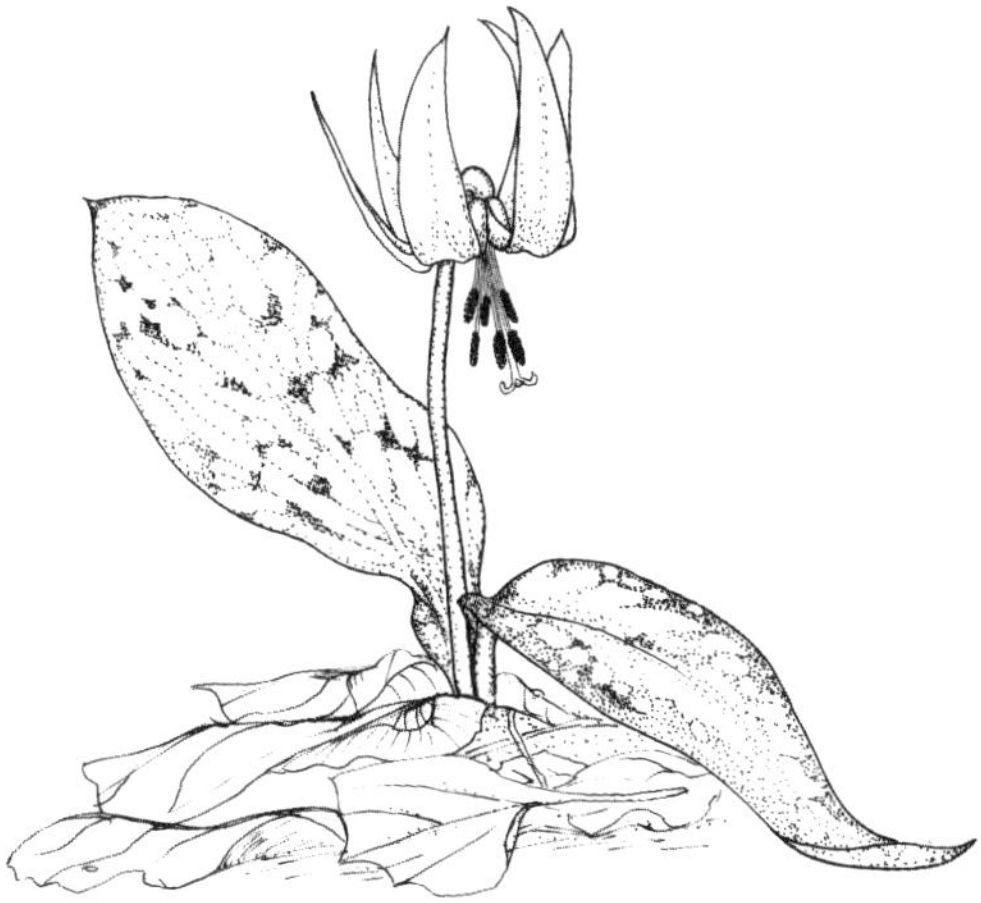

一　自分を見つめて自己紹介

初回は、自己紹介の練習です。生まれて以来、入学・進学、クラス替えのたびに、また社会人になってからは、入社はもとより、新しい環境に入るたびに繰り返されるのが、自己紹介です。無難に目立たないように済ませることもできますが、せっかく与えられたチャンスです。名前と顔をはっきり覚えてもらえる、印象深い自己紹介を考えてみませんか。

課題2　自己紹介を二百字作文で書く

自分らしさを探しましょう。あれもこれもと並べたてないで、何か一つに絞って、自分の好みや行動を読み手に伝わるように詳しく描き出しましょう。

条件③　書き出し・書き結びに注意する

書き出し・書き結びは、作品全体の成否に関わる大きな影響力を持っています。

■手引き■

・独りよがりの弁明や、不必要な前置きにスペースを割くことなく、いち早く内容に入りましょう。二百字作文なら、書き結びも一文で十分です。

・題材探しのヒントに「小さな自慢」や「わたしの楽しみ」などはどうでしょう。観点を絞ると、中身が濃くなります。印象的な自己紹介は、案外、ありふれた日常に存在します。自分らしさがあれば、ささやかなこと、些細なことが、かえって読み手の共感を呼ぶものです。

・課題1の条件②同様、題をつけて的を絞りましょう。情報は二百字内に限られるので、何か一つに話題を絞り、それについて詳しく書き込みましょう。

・条件は課題が進むごとに累積していきます。課題の文章に累積条件を反映させる努力をしてください。

・二百字作文で書く自己紹介です。巻末資料1の練習用紙を活用してください。

無駄な書き出し　↓　修正例

「自己紹介と言われても、何の取り柄も特技もないので困ってしまいますが、強いて上げれば三歳の時から続けている将棋でしょうか。」

↓　「三歳の時から将棋を続けている。」

「無趣味で平々凡々な人間ですが、本を読むことが好きな私は、どんな作家のものも手当たり次第に手にとって読むので、好きな作家を一人には絞れません。みなさんはどんな作家が好きなのでしょうか。」

↓　「読書が好きで、どんな作家のものでも手当たり次第に読んでいる。」

書き結びの注意

文章が終わり近くになると、まとめようとする意識が強く働き、ついついありきたりな決意文（「がんばりたいと思います。」「面白かったです」など）になったり、読み手に問題をあずけるような疑問文になったり（「あなたはどう考えますか」など）しがちです。作品例を参考に、内容にふさわしい一文で結びましょう。

《題目例》

わたしの日課　／二千冊の悲劇　／火曜日午後二時三十分　／「筆」療法

なぜ教師を志したのか　／それじゃあ、歌おう　／一人探検隊

課題２「自己紹介を二百字作文で書く」学生作品例

あと三つ

O・R

私が人に自慢できる数字、四十四。これは私が中高時代に訪れた都道府県の数である。まだ足を踏み入れていないのは、徳島・高知・沖縄の三県だけだ。そして一つだけ心に堅く決めているのは「沖縄に飛行機を使わずに行く」ということだ。小さな頃からの鉄道ファンで、今までの四十四都道府県は全て鉄道で訪れてきた。鉄道のない沖縄に陸路で行くには、国道五十八号線をゆくフェリーに鹿児島から二十五時間、揺られるだけでいいのだ。

仮初の命

Y・K

僕には悩みがある。最近友人に誘われてＦＰＳの戦争ゲームを始めたのだが、一人称視点であるせいか僕の現実世界に対する認識を侵食してきたのだ。曲がり角で人とばったり出会えば敵と勘違いしかけ、遠くに光る物あればスナイパーがスコープでこちらを覗いていると錯覚し、棒立ちしている人がいれば良い的に見えるほどである。このままいけば自分の命にも残機があると勘違いするのではないかと思うと、何かとても恐ろしいと感じる。

バク転からの前進

M・R

高校三年生の時、選択で「体育実技」をとった。この授業では必修の体育ではやらないようなことをする。その中で一番印象に残っていることは「バク転ができるようになろう」という授業だ。最初は「絶対できるわけない」と疑っていた。しかし、先生に一から教わり、仲間といっしょに何回も何回も練習した。普段やらない「後ろに飛ぶことへの恐怖」を克服し、実際にバク転ができるようになった時、自分の中で何かが変わった気がした。

いち押しフレーズ

・マイペースでせっかちな私にとって、自分の裁量で行動できる自転車は最大の相棒である。
・体重八キロを超える、今年で十五才になるおじいちゃん猫だ。
・朝の十分は夜の一時間に相当する。
・駅まで全速力で走ることが朝の日課。すれ違う人々が、散歩の犬までもがぎょっとしている。

二　勧めてみよう、あんなもの、こんなこと

周りの人に、あなたのお気に入りを勧める文章を書いてみましょう。

課題3　勧誘文・推薦文を書いてみる

勧誘文は、読み手の注意を喚起し、行動に誘うところまでが使命です。お勧めのポイントを明確にし、読

み手を納得に導きましょう。

条件④　文体を使い分ける

何をどのような形で発表するかに応じて、「です・ます体」（敬体）と「だ・である体」（常体）を使い分けましょう。

二百字作文は、レポートや評論文などの基礎練習をかねているため、文体は常体で統一します。

■手引き■

・こんなものを参考に

アラン・モンロー　動機づけの順序（motivated sequence）

勧誘には「**動機づけの順序**」が効果的です。まず、読み手の注意をひき、次に、必要性を示して、その必要性を満たす方法を提示します。さらに、具体例で証明して納得に導くのです。最後に、読み手の決心を促し、行動に導くために力強く誘います。

広告、報告、紹介、説得、推薦、説明、論証などの文章にも、応用できます。

・文体だけでなく、語彙レベルで話しことばを**書きことばに**整えましょう。

話しことば例　でも、けど、なんで、やっぱり、とっても、とか、他

書きことば例　しかし、けれど、なので、やはり、たいへん、など、他

・二百字作文中では、**同じことばを繰り返したり、大げさな表現を使わない**ように気をつけましょう。

話しことばと違い、書きことばは何度でも読み返せるため、**簡潔な表現**が効果的です。

《題目例》

お気に入りの図書館　／カフェ「味遊」／カウンセリングは気楽に　／○○ゼミへ、どうぞ

ふと笑いたくなったあなたに見てほしい　／ストレスが溜まったら　／飯田線に乗って

課題３「勧誘文・推薦文を書いてみる」学生作品例

大学紹介　―福祉を勉強したい人へ―

O・K

高校三年生の春、私は進学先に福祉系の大学を探していた。そんなときに長野大学の資料を見て、はっとした。学費が安い。その上、社会福祉士や精神保健福祉士の受験資格が取れる。実際にオープンキャンパスに参加してみたら、手話の体験や先輩方との交流など、楽しく学べた。さらに、先生方の多くは福祉の現場経験者である。そのため、話し方にも説得力があり、深く学べそうだ。福祉の専門的知識を究めたい人にはぴったりの大学だ。

新しい坂道を上る

T・Y

「反逆のアイドル」と言われる少女たちがいる。彼女たちの名前は「欅坂46」。昨年春にデビューし、今年一年を迎えた。魅力はなんといっても「アイドルらしくないアイドル」

である。従来のイメージを覆す、大人に対する反発を歌詞にした力強いメッセージ性のある曲、軍服をモチーフにした制服、無表情かつ激しいパフォーマンス等、新しいアイドル像を作り出した。破竹の勢いの彼女たちが、今後どう坂道を上っていくか目が離せない。

マステの魅力

K・H

かわいい、綺麗、かっこいいなどの、物の外見の良さは生活を豊かにしてくれる要素の一つだと思う。ただ、全ての身の回りの物を外見の良い物で揃えるのは金銭的に難しい。そこでぜひマスキングテープを使ってほしい。シャーペンの軸、紙のブックカバーの縁、パソコン等。一見、無機質で他と代わり映えしない物がマステを貼ると、自分好みで自分だけの、生活に彩りを与えてくれる存在に変わる。ぜひこの装飾の魅力を体感してほしい。

三　好きな味をことばで

おいしさをことばで伝えるには、どんな工夫をすればよいでしょう。

テレビでは料理番組が大はやりしています。味を伝えようと、レポーターが四苦八苦しています。声のトーンや表情で想像はつくものの、「おいしーい」「さーいこう」「なーんとも言えない」の繰り返しでは、視聴者に味は届きません。

課題4 「わたしの大好物」を伝える

どうしてそんなに好きなのでしょう。「おいしさ」を伝える表現方法を探ってみましょう。

条件⑤ 五感と客観的スケールを活用する

・五感（視覚・聴覚・嗅覚・味覚・触覚）を研ぎ澄まし、対象を正確に描きます。頭より身体を使って文章を書きましょう。

・色、形、大きさ、音、におい、味の種類、触れた感じなど、読み手の理解を促進するために、できるだけ具体的に再現しましょう。形容詞（明るい・大きい・多い・暑い・軽い・高い、など）は、書き手、読み手により把握の基準が異なるため、特定の「ひとつ」を表現するにはふさわしくありません。万人に共通する指標（数値）を使って表示すると、ありのままに近い様子が伝わります。説明や意見より先に「事実」を伝えましょう。

〈例〉 体格のいい男性 ↓ 身長一八五センチ、体重九五キロの警察官

にぎり寿司の大きなネタ ↓ 厚さ一センチ、長さ八センチのイカ

温かいスープ ↓ 寒さで傷む頬とかじかんだ指先が、スープの湯気で動きを取り戻す

数字の持つ力を確認しましょう。

〔参考〕（傍線は引用者）

『すごい廃炉』　木村駿・文、篠山紀信・写真　二〇一八　日経BP社

東日本大震災から間もなく7年。事故が発生した東京電力福島第1原発は、機能は停止したままだが、30～40年後の廃炉完了を目指して、毎日約六千人が、調査・工事を進めているという。

建設専門誌「日経コンストラクション」の記者が、写真家の篠山紀信さんと現場を訪問。技術者へ取材して、写真や図解をふんだんに盛り込み、工事の現状を伝えた。

『信濃毎日新聞』二〇一八年二月二十五日（日）９面「読書」

条件⑥　ことばを的確に選ぶ

的確の的は適当の適ではありません。適当では的を射ることはできません。わかりやすい文章をつづるために、一語一語を的確に、慎重に選びましょう。

固有名詞には、普通名詞にはない唯一無二の力があります。

とりわけ動詞、一般的で広い意味を持つものに頼らず、文脈にあった動詞を豊かに使いこなしましょう。例えば、「言う」はどうでしょう。さまざまな情況で、無意識に「言う」を多用していませんか。「言う」にもいろいろな場面における「言う」があります。ふさわしい動詞が使われていると、場面が鮮やかに、印象深いものに変身します。

「言う」のほか、「聞く」「思う」「考える」「行く」「見る」「驚く」「泣く」「笑う」など、守備範囲の広い動詞は便利で咄嗟には使いやすいのですが、その場面にぴったりはまる動詞は必ずあるはずです。類語辞典を参考に、そんな動詞を探してみましょう。動詞を的確に選ぶと、描こうとする文章の世界が、鮮明なイメージとなって読み手に伝わります。

類語辞典を活用しましょう。

言う………告げる、尋ねる、問いつめる、呼びかける、言い返す、怒鳴る、しかる、わめく、命令する、ささやく、誘う、（大口を）たたく、うめく、冷やかす

驚く………ぎょっとする、たまげる、息をのむ、目を丸くする、目を見張る、胸打たれる、開いた口がふさがらない、はっとする、きょとんとする、愕然とする……

考える……練り直す、念頭におく、突き詰める、思いやる、察する、推し量る、くみ取る、見通す、認める……

泣く………むせぶ、むせび泣く、涙にむせぶ、嗚咽する、啜り上げる、啜り泣く、咳き上げる、しゃくり上げる、泣きじゃくる、忍び泣き、もらい泣き、男泣き、嬉し泣き、……

大野晋ほか著（一九八一）『類語新辞典』角川書店　参考

〈練習〉 空欄にふさわしい動詞を入れてください。（「思う」は入りません、念のため。）

……著者のことばを読んで、「なるほど」と［　］たり、「そうかな」と［　］だり、または、「そんなはずはない」と［　］たり、「自分にはどうしてもこう考えられる」と［　］たりしながら読み進めていくところは、親しい人と取り交わすような、最も深い真実を開いた対話であり、問答であるとも言える。

大村はま（一九九一）『大村はま国語教室14』筑摩書房 pp.68―69

■手引き■

・×**「おいしい」**と書かずにおいしさを伝えましょう。×**「大好きだ」**と書かずに、好きでたまらない様子を伝える工夫をしましょう。

・×**「何とも言えない」**、×**「ことばで言い表わせない」**は禁句です。適当な表現に逃げないで、「このことばこそ」と言えるものを探す努力をしましょう。

・食べる時間、場所、一緒に食べる人、調理方法など、味をめぐる周囲の状況を表現することも「おいしさ」を伝える要素になります。

・比喩は、新鮮なものであるほど効果を発揮します。陳腐なきまり文句は効果がありません。斬新な比喩を創りましょう。

陳腐な例　「ほっぺたが落ちる」、「雪のように白い」、「舌がとろけそうだ」、他。

・擬音語や擬態語も、感覚に直接訴えかけるため、状況を正確に描き出す効果があります。

《題目例》

真冬日のクリームシチュー　／祖母のお汁粉　／豪快、父親チャーハン　／風呂上がりの牛乳

三時半の豚骨ラーメン　／里帰りと唐揚げ　／四時半の自販機コーヒー　／真夏の楽しみ

課題４「『わたしの大好物』を伝える」学生作品例

家族のギョウザタイム　N・Y

毎週金曜日午後七時、家のギョウザはこの時から始まる。仕事から帰ってきた母が急いで野菜を刻む。たっぷりの野菜と肉を混ぜる。「手伝って」母の一言で三兄弟が集まる。テーブルに新聞を敷いて準備をする。母が材料を持ってくる。全員が座ったら包み始める。「学校どうだった」「普通」「何それ」そんな会話をしながら百個のギョウザを作る。家の兄弟はみんなよく食べるから、ちょうどよい。食べるよりも作る時間の方が幸せかも。

心に栄養を注ぐ　M・H

淡々とかやくとスープを空け、お湯を注ぐ。人と関わるのにちょっと疲れた時、心が鈍く重たく感じる時。なるべく人気のない場所へ、スープをこぼさないように、絶対に目を離さず進む。このダシが、麺のコシがとか、そんなものはきっとどうだっていいのだ。身体に悪いと知って煙草を吸うような、そんな気持ちで私はカップラーメンを食べ、ふう、と

息を吐く。そうすることで何となく、誰かに許されたような、満ち足りた気持ちになる。

夏の夜の缶コーヒー　S・K

九州の父の実家に帰省すると、いつも寝る前にコーヒーを飲む。家の前にある古ぼけて、取り出し口に蜘蛛の巣がはってあるような自販機に、決まって父と買いにゆく。黄色と茶色のしましまにデザインされた細身の缶を買い、母が寝ているそばで、父と二人でちびりとやるのが、少し罪悪感がわく感じでいい。中身はミルクと砂糖が八割、コーヒー二割といった具合。うす茶色に染まったその缶コーヒーを飲むのが、毎年、夏の夜の楽しみだ。

いち押しフレーズ（「　」内は本文の題）

・氷のシャリシャリした食感と甘いコーヒーの味、冷たい清涼感がのどをスーッと通っていく。アイスをくわえたまま自転車にまたがり、暑い太陽の下を笑いながら帰った。（「半分こ、しよ」）

・週二のペースで通っていたラーメン屋がある。開店前に並ばないと混んで満席になってしまうほどの人気店。もう五年くらいは通っている。（「一番美味しいと思うラーメン」）

・夏にサウナ状態の体育館でプレイしていると倒れそうになる。休憩時間になったら友だちと自動販売機へ。飲み物が輝いて見える。熱くなった手を缶ジュースが冷やしてくれる。（「暑い日の感激」）

〔参考〕

二度ほど、信州の赤松林で松茸狩りをやり、落葉をあつめて火を熾《おこ》し、その中へろくに洗いもせぬ松茸を突込み、蒸し焼きにしたやつを指で引き裂いて食べたことがある。いまも、その時の味が忘れられない。

こうして食べるのが、もっともよいのだろうし、家庭でやるときは、丸のままの松茸を日本紙で包み、焜炉《こんろ》で蒸し焼きにする。けれども、いまは炭も手に入りにくいし、つい面倒になってしまう。

手軽にやるときは、フライパンに良質のバターを熱し、裂いた松茸をさっと炒《いた》め、塩とレモンで食べるのが、いちばんよい。

池波正太郎（二〇一〇）『江戸の味を食べたくなって』新潮文庫 pp.88—89

幻の「たこ飯」

乃南アサ

瀬戸内海の、ある小島を訪ねたときのこと。船から下りて小さな船着き場を歩いて行くと、すぐ目の前に建つ古ぼけた食堂らしい建物の軒先に「たこ飯」という張り紙を見つけた。その瞬間、私は「たこ！」と、声を上げた。後から聞くと、ほとんど絶叫に近かったらしい。

「ここ、たこ飯が食べられるんですね！」

ところが食堂は生憎その日、休みと見えて、ぴったり戸が閉まっている。私は慌てた。たいへんだ。是非とも島に滞在している数時間の間に、たこ飯を食べさせてくれる店を探さなければ。

春先のことだった。冷たい雨がしょぼしょぼと降っていて、小さな島には歩いている人影さえほとんど見当たらない。旅の目的は、別段たこ飯でも何でもない。それなのに私の頭はもう、たこで一杯になっていた。

「そんなにたこが好きなんですか」

「え、いいえ、そんなこともないんですけどね。食べられると聞くと、やたらと食べたくなるんです、たこ」

「つまりそれって、相当に好きなんじゃないですか。だって、さっきからずっとたこたこ、言ってますよ」

「だから、それほどでもないんですってば。もしも、あれば。あればね、食べてみたいかなあと思う程度で」

「それ、好きなんですよ、たこが」

「そんなことありません」

不毛なやり取りを繰り返しながら取材に歩く間も「たこ」の二文字がどこかに見られないかと、ひたすらキョロキョロ。たまに島の人を見かければ、ためらうことなく声をかけて、たこ飯を食べさせてくれるところを尋ねた。だが、だれもが首を傾げるばかりなのだ。「たこ」ばかり繰り返すよそ者が、よほど不審に見えたせいかもしれない。中には「そんなものは、この島にはない」と言い切るお年寄りもいた。そりゃあんまりだ。胃袋はとっくに空っぽ。きゅうきゅうと切なそうにたこ飯を待っている。

「もう、たこの季節は終わったのと違うんかな」

もとの船着き場まで戻ってきたとき、ついにそう言われてしまった。その瞬間、瀬戸内海の小島でたこ飯を頬張るという私の淡い夢は、幻のように消え去ったのだった。

マジメに言うが、私は本当に自分がたこ好きなのかどうか、よくわからない。だが、「たこ」の看板を見るとやたらと反応してしまう。中でも「たこ飯」だけは、どうしても食べたくなる。自分でも不思議で仕方がない。次はどこで看板を見かけるだろう。


『朝日新聞』二〇一八年三月三日(土)be on Saturday 7面「作家の口福」

ステップⅡ
よく観て、ことばでスケッチする

描写はあらゆる文章の基礎となります。
可能な限り、ありのままを写しとる学習をしましょう。

一　風景をことばでスケッチしよう

風景をカメラで写したり、絵にしたりした経験はあるでしょう。ここでは、カメラや絵の具の代わりにことばで風景を描きます。

課題5　風景を描写する

一目で見えるものも、ことばで描くとなると難しいものです。写真や絵画は、平面に多くを同時に写し出すことができますが、文章ではそういう訳にはいきません。

選んだ風景の何を描くのか、まずはテーマを決め、次にそのために必要な題材を選び、最後に叙述順を定めてから書き始めます。

大隈重信像から
早稲田大学正門を望む

条件⑦　叙述の順序（空間・時間）に方向性を持たせる

選んだ景色は、どういう順序で書き進めればよいでしょう。ことばで描く場合は、叙述の順序を定める必要があります。読み手は一文一文を読み進めながら、頭の中で風景を再現します。遠景から中景へ、さらに近景へと書き進めるか、または逆に、近景から中景、遠景へと進めるか。あるいは、中心部から周辺部へと書き広めるか。左手前から右斜め向こうへという斜めの方向性も可能です。

空間順だけでなく、時間順もよく使われる手法です。時代や季節の移り変わり、書き手の動き、いずれにせよ、読み手が後追いできる一定の方向性が必要です。映画やテレビの画像で、カメラが上下左右にきまりなく揺れ動くと、視聴者は目を回します。場面が急に切りかわっても、つながりがわからなければストーリーが理解できません。文章の場合には、読み手が頭の中で風景をイメージするための手がかりが必要なのです。

条件⑧　文字・符号を使い分ける

漢字、ひらがな、カタカナ、数字、それに、**アルファベット**も加わって、日本語は豊かな表記システムを持っています。その分、字面（視覚的要素）が重要な働きをするため、使い分けに工夫が求められるのです。知っている漢字は全て使えば良いというものでもないのです。意図に合わせて使い分けましょう。

例　さくら、サクラ、桜　／つつじ、ツツジ、躑躅　／広島、ヒロシマ

動植物の名称は原則としてカタカナを使用しますが、文章の中で意図的にひらがなにしたり漢字にしたりすることもあります。

次のような漢字は、ひらがな書きに統一すると読みやすくなります。

形式名詞（事、筈、所、時、物、など）

・私のみるところ、それは正しいことのようです。

ある種の副詞（全く、却って、更に、既に、成程、勿論、など）

・なるほど、それはまったく失礼な言い方ですね。

接尾辞や助詞（等、達、位、迄、程、など）

・私たちは、十分ほどで到着する予定です。それまで待っていてください。

「こそあど」の代名詞や連体詞（此れ、其れ、此処、何処、或る、此の、など）

・この日には、ある用事が入っています。

接続用語（従って、尚、又、但し、即ち、それにも関わらず、など）

・それにもかかわらず、また彼らは出かけていった。

共同通信社（二〇一七）『記者ハンドブック第13版　新聞用字用語集』参考

種々の符号も、ことばと同等（時にはそれ以上）に意味を持っています。マス目に書き込む前に、その表現効果をよく考えて利用しましょう。

例　『　』（書名、二重の引用）、「　」（会話、語句の引用）、（　）（語句や文の後の注記）、・（単語の列記、外国人の名と姓の間）、—（説明、間を持たせる）、

…（ことばの省略、無言、間を持たせる）

漢字使用について

漢字の使用率は三割程度にとどめましょう。五割を超すと字面が黒々して読みづらくなります。漢字があれば何でも漢字で書いたほうがいいという訳ではありません。逆に少なすぎると白々として、小学校低学年の教科書のように、分かち書きをしないと意味が取りづらくなります。ちなみに、新聞の漢字の使用率は五割程度で、やや堅い感じがします。

手引き

・どこを描くか、題目例を参考に場所を決めましょう。できれば外に出て、現場で、光や風、気温やにおいを体感しながら描きましょう。
・文章は、見えるものを一気に写し撮ることはできません。選んだ風景の何を描くのか。まずはテーマを決め、次にそのために必要な題材を選んで、最後に叙述の順序を定めましょう。
・テーマは何ですか。「春の長閑《のどか》さ」「うきうきした気分」「秋のひかりの美しさ」「夜道の不気味さ」など、いろいろ考えられます。その際、「長閑だ」「うきうきする」「美しい」「不気味だ」といった説明のことばをそのまま使うのではなく、そういう気持ちを引き起こしたその場の様子を描き出すことによって、間接的にテーマを語らせましょう。
・読み手に鮮明なイメージを形作ってもらうために、雑多なものは切り捨て、中心材料を選び取る工夫がいります。テーマから逸れるものは思いきって省きましょう。
・字数が許すのなら、書き手の連想を加えてもよいでしょう。眼前にないものが描けるのも、ことばならではの力です。

《題目例》

大学北駐車場の隅から／五月の坂道／ホームの見送り風景／朝の改札／六号館の正面玄関から
アルバイト帰りの夜道／裏山に秋／初夏の田園風景／高校までの通学路

課題5「風景を描写する」学生作品例

木陰のベンチから

H・K

ヒマラヤスギの根元のベンチに座っている。足元に茶色い松ぼっくりが落ちている。近くの駐車場の車に太陽の光が当たってキラキラと眩しい。風がやさしく吹く。白と赤のアメリカハナミズキの花が、そよそよ風に揺れる。図書館前の道路を走る車の音が、ときおり耳に入ってくる。暑くはないのに、もうセミが鳴いている。遠くの山々が、青く霞んで見える。ベンチに座っていると、日陰で気持ちも穏やかになり、寝てしまいそうな気温だ。

帝国劇場がひとつになる

M・H

S席は一三五〇〇円、一階G列二二番。このGWに私ははじめてスタンディングオベーションの景色を見た。臙脂色の幕が下りる。舞台が閉じても、観客の沸き上がった熱情を打ちつける拍手は止まらない。やがて舞台の光が、再び上がった幕の隙間から漏れてゆく。斜め前方の男性が立ち上がったのが見えた。私は立ち上がった。隣も、後ろも一瞬を惜しんで立ち上がり、手を大きく鳴らし続ける。役者たちの役から解かれる瞬間が、見えた。

六時三分発上り

N・A

まだ蛍光灯が煌々と光る冷たく薄暗いホームから、電車に乗り込む。窓の外は白い月が浮かぶ黒い空。規則的な揺れにうつらうつら。三駅過ぎた頃、まぶたを黄色い光が刺した。そっと目を開くと窓枠目一杯の海から、朝日が顔をのぞかせていた。白波のうさぎが跳ねる紺色の水面を金色にじわりじわりと染め上げていく。遠くに白く光る漁船やオレンジ色のうきをくっきりと浮かび上がらせ、ぐんぐんと日は昇る。朝がきた。今日が、始まる。

いち押しフレーズ（「　」内は本文の題）

・真っ青な空と真っ白い雲の下に、十五センチ程しかない緑の稲の苗。こんなにも空は高いところにあったのかと改めて感じさせられる。（中略）あと四か月もすれば稲の丈が大幅に伸び、少しは空が近く感じるようになるか楽しみである。（「軽トラの荷台から」）

・隣の家のおじさんは、道路の雪を忙しなく掻いていく。シャベルが通ったところから、人や車の通るアスファルトの道ができてゆく。(「白い世界が動き始めるとき」)
・下駄箱に靴を投げ入れ、白い廊下を突き進む。ボロボロの掲示板にくすんだ磨りガラス。階段を駆け上がれば、六組の文字が見える。(「あの頃(五年前)のいつも」)

〔補足〕絵画を描写するには

・まずは全体(概略)を大づかみに示し、その後、部分(詳細)を描きます。
・叙述の順序(空間)を考慮し、書き進める方向性を決めます。
・絵画について、構図・色・筆のタッチ・遠近法など、わかる範囲で詳しく描きましょう。
・絵の中の事物の位置関係がよくわかるように、文のつながりに気をつけて(指示代名詞、同語反復、接続詞、位置詞、ほか)書き進めます。

ルノワール「ピアノの前の少女たち」

美術評論家、高階秀爾の文章を参考に、絵画の描写方法を学んでみましょう。

〔参考〕

姉妹らしい二人の少女が、仲良く寄り添ってピアノに向っている。白いドレスを着て青いベルトを締め、ブロンドの髪に同じような青い色のリボンをつけた妹らしい少女は、椅子に腰を下して、片手で譜面台の上の楽譜を支え、もう一方の手を鍵盤に載せて、一生懸命練習している。首のまわりに白いレース飾りをのぞかせた赤い衣装をまとった姉らしい少女の方は、その傍らに立って片肘をピアノにかけ、もう一方の手で妹の座っている椅子の背をつかみながら、優しく妹の練習ぶりを見守っている。（以上、二二六字…引用者注）その姉の余裕ある態度と、半ば唇を開きながら真剣そのもののような顔で練習する妹の表情とのコントラストは、異った響きによって成り立つ和音のように微妙な諧調を奏でている。このようないわば音楽的な効果は、この画面の随所に見出されるものである。

ピアノの台に渦巻型の装飾模様がついていたり、譜面台のわきに唐草模様ふうの真鍮の燭台がつけられていたりするところを見ると、このピアノは、豪奢とは言えないまでもかなり立派なもので、趣味のよい少女たちの服装とともに、富裕な中流階級の家庭を偲ばせる。ピアノの上にのせられた陶製の花瓶や、緑のカーテンの奥に見える室内セットなども、その雰囲気にふさわしいものと言えるであろう。

高階秀爾（一九七一）『続名画を見る眼』岩波新書 pp.16—17

二　身近な人物を観察しよう

身近でよく知っている人を観察して、特徴を捉えましょう。ことばにしてみると、これまで意識することのなかった側面が明らかになり、その人物が、今までとは違って見えてくるかもしれません。

課題6　人物を描写する　―よく観察して特徴を捉える―

よく観察することから始めます。対象が決まったら、なぜその人を選んだのか。その人のどんなところを描いてみたいのか、考えてみましょう。

身近な人の場合、ともすると主観的な感情に流されがちです。あまりに近い恋人や感情的にもつれた関係にある人はやめた方が無難です。ふさわしい描写対象は、心理的にやや距離があり、かつよく知っている人物です。

条件⑨　短文（一文一義）にする

一文の長さの目安は、原稿用紙二行（四十字）程度です。長くても三行（六十字）まで。それを超したら、読みにくくなる可能性があります。短かすぎる文が続いて、ブツブツ細切れの感じがするのもよくありません。長短織り交ぜたリズム感にも配慮し、すぐに意味が理解でき、読み進めやすい文を書きましょう。

条件⑩　ことばの重複使用を避ける

たった二百字の短い文章です。不必要に同じことばを繰り返し使わないようにしましょう。不要なことばを省き、必要なことばは豊かに、効果的に使うことが大切です。課題4で学習した類語辞典を活用しましょう。

■手引き■

・読み手の脳裏にその人物のイメージがはっきりと浮かぶように描くことが目標です。照れ屋なところ、頑固なところ、恥ずかしがり屋なところなど、その人物の性格や人柄を、日常のエピソードや習慣的な行為、表情や動作（会話を含む）で描き出しましょう。

・得意なこと（苦手なこと）、身ぶりや態度、ことば癖、洋服の好み、趣味なども、具体的にその人物を描くのに効果的です。

・文の主語を、対象者本人や第三者にすると、多面的に描けて、客観性が増すことがあります。

・「好きだ」「嫌いだ」「似ている」「あんなふうにはなりたくない」といった書き手の主観は、いくら説明しても、対象人物の様子は何一つ読み手に伝わりません。何がどのように好ましいのか、あるいは嫌なのか、主観の根拠となる人物の見た目や行動を具体的に描き出しましょう。

・比喩や対比をうまく使いましょう。

例　ホームベースのような顔、親指くらいの長さ　勉強は嫌いだが、食べることはマメ

・人を傷つけるような表現は避けましょう。

《題目例》

近所の元校長先生　／面倒見のよい兄　／祖母の笑顔　／兄貴教師　／お母さん、「大丈夫」だよ

負けず嫌いの祖父　／ゲームで豹変する友人　／妹　―世話焼きのしっかり者―

課題６「人物を描写する」　学生作品例

思春期の弟

F・N

高校二年になった弟がいる。身長は一八五センチもあり、足のサイズは二九センチ。こたつに入ると中は弟の足だけでいっぱいになる。親に風呂洗いをしろと言われても、口答えをして手伝いはやらない。みんなで食べるおやつも、弟が居るだけですぐに終わってしまう。そんな体と態度が大きい弟が、私のことを「赤い人」と呼ぶ。家で着ている洋服が一人赤いからだ。前は「おねえちゃん」と呼んでいたのに、今は恥ずかしがっているのだ。

四十二歳のカカト落とし

I・D

わが家で最も強く、最も恐ろしい人間は「母」である。身長は一五三センチ。この「母」とケンカをすると必ず負ける。なぜなら、彼女は四十二歳という年齢とは思えないほどの

動きから「カカト落とし」を放つのだ。その威力を身をもって知っている私と弟は、「母」とケンカするときは必ず間合いを取っていた。かつて私の同級生内で、「アンディ・フグ」というあだ名で呼ばれていたほどだ。これが「母」が我が家で最も恐ろしい理由である。

おてんば女子高生　S・R

「疲れたあ」と甲高い声で叫ぶ。お決まりのセリフとともにペタペタと摺り足で現れる。高二の平均より少し高い背を丸め、重そうな荷物を背負っている。空手道着のつまったカバンだ。そのカバンをドンッと床に放り投げ、席に着くなり靴を脱ぐ。女子校育ちを改めて認識させる乱雑さだ。筆箱からテキトーにペンを二、三出し、授業準備を始める。短い髪をゆらすと、ふと甘い香りがする。「聞いて！」今日も部活の愚痴から一コマを開始。

〈補足〉

人物描写の方法

人物の特徴を、できるだけ自分の意見や感想を交えずに、正確に目に見えるように示しましょう。ただし、客観的表現だけでは表現しきれないところは、意見や感想で補いましょう。

文章の構成

1　最初に**基本的**な情報　↓　性別（男／女）、年齢（大人・子ども・老人、若い人、年をとった人など）

2　**一般的**な情報↓　身長、体重（太っている、やせている、中肉中背など）、体つき、頭、顔、身体、手足など、

身体の部分についての情報。**全体を先に、続いて上から下へ**

3　その次に**特徴**（特殊な情報）↓　その人物独特のことばの使い方、話し方、身ぶり、癖、笑い方、歩き方など。

4　最後に必要に応じて、着ている物、身につけている物の情報。

例「捜索願」　四十一歳女性、百五十五センチ、四十キロの痩せ型。ロングヘアでスズキのスペーシア（白の軽自動車）を運転して出た。ラベンダー色のショルダーバッグを持っている。

「故郷」魯迅（竹内好訳）の閏土《ルントウ》の描写から着眼点を学んでみましょう。

〔参考〕（傍線は引用者）

来た客は閏土《ルントウ》である。一目で閏土とわかったものの、その閏土は、私の記憶にある閏土とは似もつかなかった。背丈は倍ほどになり、昔のつやのいい丸顔は、いまでは黄ばんだ色に変り、しかも深い皺《しわ》がたたまれていた。眼も、かれの父親がそうであったように、まわりが赤くはれている。私は知っている。海辺で耕作するものは、一日じゅう潮風に吹かれるせいで、よくこうなる。頭には古ぼけた毛織りの帽子、身には薄手の綿入れ一枚、全身ぶるぶるふるえている。紙包みと長いきせるを手にさげている。その手も、私の記憶にある血色のいい、まるまるした手ではなく、太い、節くれ立った、しかもひび割れた、松の幹のような手である。

魯迅作　竹内好訳『阿Q正伝・狂人日記』岩波文庫P.93

傍線をつけた描写の着眼点（背丈・丸顔・眼・頭・身・全身・手）が参考になります。全身の概容と細部の詳細な描写を交えて、閏土《ルントウ》の全体像が目に浮かぶように描かれています。
もう一つ、死の床の妻を描いた「酷薄な描写」を見てみましょう。

〔参考〕

傍らにいた人

堀江敏幸

藤枝静夫は、妻の死を描く「悲しいだけ」のなかで、(中略)三十数年にわたってさまざまな病と闘い続けて逝ったことを、次のように記している。

多少の小休止がはさまれた以外は、八回の長期入院と五回の全身麻酔手術と胸郭整形術と肺葉切除術と気管支の硝酸銀塗抹、それから乳癌の発見と摘出、そして再三にわたる転移。背中と脇腹には太いミミズのように盛り上がったケロイドが走り、胸は乳房を切り取られて扁平となっている。最後には癌性腹膜炎によって生を奪われたのである。

長く寄り添ったいちばん大切な人の死を悼むにあたって、ふつうの感覚ならこれほど酷薄な描写はためらわれるのではないか。過程の説明を省くことも、外見には触れずに済ますこともできただろう。藤枝静夫は眼科医だったから、医学用語が口をついて出てくるのも無理はない、しかしここで語り手は職業的な姿勢をとったのではなく、あえてカルテのような言葉を刻んで、心の破裂を抑えているのだ。

妻が生を終えた瞬間、「私」は「ああ、アア、と思った」という。平仮名と片仮名の使い分けから漏れ出る空気を浴びて、読者は何とも言えない不思議な感覚に陥り、そこでやっと、漢字の羅列を黒々とした病巣のように抱えている先のカルテ風の記述が、作品のなかでどれほど重要な役割を果たしていたのかを悟る。

『日本経済新聞』二〇一七年五月十三日(土)30面「詩歌教養」

三　出来事を描いてみよう

毎日、さまざまな出来事が起こります。つい最近、あるいは子どものころに「ドキリ」としたことや「ひやり」としたこと、「思わず涙ぐんだ」ことなど、いろいろあるでしょう。読み手が「それでどうなったの」と思わず膝を乗り出してしまうような、そんなエピソードを一つ書いてみませんか。

課題7　「ある日の出来事」を描く

世界は物語に満ちています。しかし、書き留めなければ忘れさられてしまうものです。

〔参考〕
小説は作家の頭のなかの空想とか、妄想《もうそう》から生まれるのではなく、現実のなかに隠れているのだ。その現実を体験した人が、それを言葉にしたとき、それはそのまま物語になる、というふうに思えてきます。

小川洋子（二〇〇七）『物語の役割』ちくまプリマー新書P.39

条件⑪　首尾を照応させる

文章は一般に、時間的に展開します。その展開の糸口は、書き始めの一文にあります。なかなか書き出せずに悩むこともありますが、文章のテーマにふさわしい書き出しをと考えると、案外すらりと決まることもあります。あまり構えずに、気楽に書き出し、後で書き直すという手もあります。

末尾に近づいたら、書き出しに戻って結びを考えてみましょう。首尾を続けて読むだけで、本文の展開が予想できるような文章は、無駄なく書けている証拠でもあります。

首尾の照応　学生作品例

首（書き始め）……………尾（書き結び）

風を切って走る。……………期待を膨らましつつ、今日も風を切り進む。

机が飛び、扉が蹴破られる。……………私は教師を志すことにした。

もう待てない。……………「おまたせ！」

初めて筆で文字を書いたのは、小学二年生になってすぐのこと。……………ストレス社会に嫌気が差したら一度、筆をとってみてほしい。

〔参考〕

指先から煙草が落ちたのは、月曜の夕方だった。……………写真機のシャッターがおりるように、庭が急に闇になった。

向田邦子（一九八三）「かわうそ」『思い出トランプ』新潮文庫P. 10、P. 23

条件⑫　文末表現に変化をつける

声に出して文章を読んでみると、調子の良し悪しがよくわかります。日本語では、文の終わり方の種類が限られているため、文末表現が単調になりがちです。変化をつけるためには、ある程度の工夫が必要です。既に学んできたように、動詞を豊かに使いこなすことに加えて、倒置や省略、体言止め、否定法、推量など、あれこれ工夫を凝らして文末に変化をつけてみましょう。単調な文章は、幼稚な印象を与えると同時に、読み手を飽きさせて最後まで読む気力を削いでしまいます。

変化をつけることに加えて、文末から無駄を省くことも心がけましょう。さまざまな主観が、文末に付け加えられやすいのが日本語の特徴です。曖昧でぼかすような書き方は避けて、なるべく直截簡明に書くよう心がけましょう。

〈例〉思われる→思う　感じられる→感じる　ではないだろうか→ではないか

■手引き■

・物語る際の三要素は、舞台と登場人物と事件です。時・場所が設定され、登場人物がそこで行動を起こせば、事件が起こります。会話文や地の文が加われば、物語は自在に展開するはずです。

・「はじめ・中・おわり」の構成で、発端・出来事・結末の順で書き進めると失敗がありません。いつ・どこで・何が、どのように始まり、経過し、最後にどうなるのか。読み手が途中で成り行きがつかめなくなったり、最後はどうなったのかと疑問を抱いたまま終わったりすることのないように、時間のずれをなくし、筋道を手際よく書き込みましょう。ただし、スリルやサスペンスのための特別な工夫はこの限りではありません。
・これまでに学習した六つの課題および⑫の表現技術のすべてが活用できるはずです。総復習のつもりで取り組みましょう。

《題目例》

コンビニで味わった屈辱／冬の朝の出来事／痴漢との遭遇／深夜の奇跡／たったひと言
クロの秘密／そんなはずでは／森の中／三十円安い方を／今日は何曜日？

課題7「『ある日の出来事』を描く」学生作品例

祭りの終わり

K・H

一人牛肉祭。高校生の時、私以外の家族が出かけて家に一人しかいない夜によく開催していた。所持金の限りを尽くして牛ステーキを買い、丁寧に焼き上げ食べる。至福の時だ。高一の春休み、財布が潤っていた私は、和牛ステーキ四枚を買い、過去最大の牛肉祭を計画した。丁寧に焼き上げ皿に盛りつける。白米も用意し、さてどう食べようかと思った瞬間、玄関のドアが開いた。家族三人が帰ってきて、自分のステーキは一枚のみとなった。

動かない時計　Y・K

バイト先のドラッグストア。時刻が九時を過ぎた頃、僕はメインレジにいる。客足がピークの時間からいくらか経ち、店内にはアレンジされた流行りの曲だけが響いている。こんな日のメインレジは最悪の役回りだ。時間の流れがとても遅く感じる。辛くても荷運びをしている方が遥かにましだ。閉店までまだ二時間近くもある。それでも、僕はここから動くことはできない。僕は一人この永遠にも思われる一瞬を積み重ねながら次の客を待つ。

二〇一一年五月三日　N・R

祖父が帰ってこない。当時の我が家ではよくあったことで、だから私は呑気に彼を捜しに行った。普段は通らない道を進みながら、猫背の頼りない姿を求めて目を凝らす。夜遅くまで走り回ったが見つからなかった。翌朝、警察から連絡が来た。車に轢かれたのだという。葬式で父は泣いていた。私は遺影を見上げながら、あの時、本当に真剣にあの人を捜していただろうかと思った。あれから六年、現場近くを通るたびに、心がささくれ立つ。

批評会による作品の交流

批評会を開いて互いの作品を楽しみましょう

これまで、読み手によく伝わり、わかる文章を書く練習を続けてきました。課題ごとに気をつけてきた表現技術も定着してきたはず。グループで作品を交換して、どのように伝わったか批評し合い、表現技術の効果を確かめ合いましょう。

書くことは、なかなか思い通りにはいかないものですが、クラスメートの作品なら、真意にも気づきやすいはず。表現に即して、書き手に伝わるように、具体的に批評文を書きましょう。批評することによって、文章を客観的に評価する力が身につきます。いずれ、自分の文章についても正しく評価できるようになるでしょう。

指導と教室環境

指導者は、学生同士の批評会を見越して、これまでの作品講評の際に、批評の手本を示しておきます。また、通信の発行などで、作品交流の機会を常設し、互いの文章表現の喜びを分かち合える教室環境を整えておくことも大切です。

なお、普段の個別指導については、巻末資料3のような添削記号を学習者に示しておくと作業の効率がよくなります。

批評会の要領

・課題7を推敲して、批評会に使う。用紙は、巻末資料4「二百字作文合評用紙」を参考に、自己評価と批評の欄を整える。
・回覧の前後に、自己評価を記入する。

・グループの人数は五人から七人まで。説明の時間を除いて、三十分程度を使う。
・批評および自己評価欄は、マス目を気にせず、細かな字で自由に書き込んでよい。

批評文の書き方と評価規準

これまでの練習の手引きや例文を参考に、批評対象の作品から表現部分を引用し（「　」で取り出し）、その表現効果について具体的に批評しましょう。

これまで、毎回条件として取り上げられてきた十二（①～⑫）の条件（基礎的文章表現技術）が、そのまま評価規準となります。

上手な点の指摘から

他人に自分の作品を見せることは、慣れるまでは勇気がいります。グループで批評会を行なう場合、始めは、上手だと思う点に限定して指摘し合いましょう。間違いを指摘することよりも、学習したことの中から、表現効果がよく出ていると思う部分を指摘し、ほめるのです。間違いは容易に目につきますが、上手な部分を見つけるのは意外に難しいものです。上手な部分が見つけられるということは、自分が書く場合にはそれができるという証でもあります。

慣れてきたら、改善点を一つ提案するというように、批評範囲を広げてもよいでしょう。

署名をしっかりと

批評者は、しっかり署名し、自分の書いた批評文に責任を持ちましょう。批評文が、作品の書き手に意図どおりに正しく伝わるでしょうか。また、自分の作品にもらった批評文にわかりづらいところがあるなら、署名を手がかりに直接聞いてみてもよいでしょう。批評したりされたりを通して、クラスの信頼関係を構築しましょう。

作品の蓄積を

学習者が、文章表現力の伸びや変化を長期的に自己評価するために、作品を蓄積することが大切です。下書きから書き直しまで、散逸させずに時系列で保存しましょう。

四　二百字作文練習を終えて

課題8　二百字作文練習を振り返る

二百字作文を七回書いて、基礎的文章表現技術を十二個練習しました。ここで、振り返りをしておきましょう。これまでの練習を通して、どのような成果がありましたか。どんなことが問題点として残っていますか。長文の練習に移る前に、これまでのまとめをしておきましょう。

■手引き■

・課題1を読み返し、現在の情況と比較しながら、今回の振り返り作文の構想を練りましょう。
・時間は三十分程度、二百字作文を五個か六個積み重ねるつもりで、千二百字程度の文章に仕上げましょう。
・段落分けを忘れずに、原稿用紙に読みやすく書き込みましょう。ワープロによる入力もOKです。

課題および条件一覧

課題1～8（□は指導前と指導中の「振り返り作文」）

[1] これまでの作文学習を振り返る
2 自己紹介を二百字作文で書く
3 勧誘文・推薦文を書いてみる
4 「わたしの大好物」を伝える
5 風景を描写する

条件（二百字作文練習で学んだ基礎的文章表現技術）

① 原稿用紙を正しく使う（3ページ）、巻末資料1
② 文章に題をつける（4ページ）
③ 書き出し・書き結びに注意する（11ページ）
④ 文体を使い分ける（15ページ）
⑤ 五感と客観的スケールを活用する（18ページ）
⑥ ことばを的確に選ぶ（19ページ）
⑦ 叙述の順序（空間・時間）に方向性を持たせる（29ページ）
⑧ 文字・符号を使い分ける（29ページ）

6　人物を描写する　⑨短文（一文一義）にする（36ページ）

⑩ことばの重複使用を避ける（37ページ）

7　「ある日の出来事」を描く　⑪首尾を照応させる（43ページ）

⑫文末表現に変化をつける（44ページ）

8　二百字作文練習を振り返る　①〜⑫

課題8の活用方法

課題7同様、互いの作品を交流してもよいでしょう。（その際は巻末資料5を使ってください。）あるいは、指導者の前期末（通年の場合は事中）の成績評価の対象作品としてもよいでしょう。教室の実態に合わせて指導者が判断してください。

課題8「二百字作文練習を振り返る」学生作品例

台風の目となれ　―行って帰ってまた行って―　C・H

「自ら考え、文に記し、そして他者に読まれるというのは、自らの心の内を見せているようで恐ろしくさえ思える。」

何を隠そう、これは私が初回の授業で書いたものからの抜粋である。新学期当初、私は文章表現というものに少々過大な恐れを抱いていたようだ。普段から読書の時間を大切にしている私は、「読む」ということに抵抗はない。しかしながら、日記にしろ手紙にしろ、自ら何かを書こうと思うことが少なく、「書く」ことには漠然と距離を感じていた。

だが、授業を重ね自ら書き、そして他者の作品に触れるうちに、小さな楽しさの芽生えを確かに感じるようになった。冒頭で抜き出した通り「書く」という行為は心を著すものであるが、それは時として自分の思考を整理することにもなる。無心に書き進めるうちに、「自分はこんなことを考えていたのか。」と気づかされ驚くこともあった。さらには、他者の思考を辿るという意味での「読む」ということの実践ができるようになった。つまり「読む」という、私には既知だったはずの体験が、自ら「書く」ことを重ねる中で新たな次元へと扉を開いたのだ。

そしてこれから為すべきは、「書く」ことを続けながら、他者の作品を自分の言葉で批評し、十分に味わうことだろう。書いた人が何を思い、そしてどのような思考を辿り目の前の文章が書かれたのか。後半は「読む」ことをさらに誠実にし、その中での気づきを自らの「書く」作業に還元、昇華させることが目標だ。そのようにして、他者を巻き込みながら教室内で「読む」、「書く」行為が循環し、大きな風が吹けばいい。そして自分の文章が少しでも他者に何らかの気づきを与えられれば、というのが後半に向けての願いである。

ちょっとひと休み

ここからは、教えながら、いつしか二百字作文のとりこになってしまった著者の小品集です。作家でもないのに、このように活字にする気になったのは、読者のみなさんにも、気軽にてのひらサイズの文章を楽しんでほしいと思ったからです。ステップⅢに進む前に、ひと休みのつもりで読んでください。

一　二百字で描く春夏秋冬

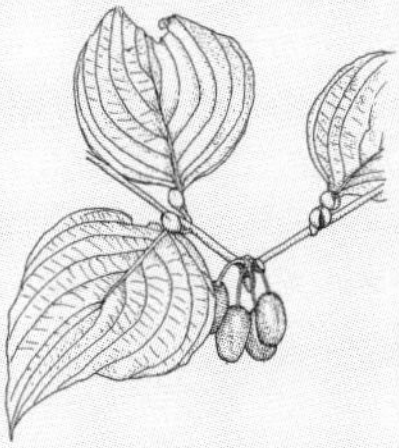

あんなこと、こんなこと、季節が移り変わる中で気づいたことを、二百字作文にしました。
四季に恵まれた日本ならではの楽しみです。

1　春

カタクリの花

昨秋、庭の北隅の柿の木の下にカタクリの球根を二十一個埋めた。四月初旬に、そのうちの十五個が紫斑のある華奢な双葉を出した。葉に遅れて二日目に白緑の花芽が十二個、顔を見せる。中の一つが抜きん出て元気が良い。日に日に伸びて、一センチが二センチ、二センチが四センチ、五日目には十センチを超した。蕾は紅紫に色づき、うつむいた花弁がわずかに綻んで、今にも笑いそうだ。いつか、群生して咲くカタクリの花を観てみたい。

庭のパレット

四月半ばを過ぎて、瑠璃ムスカリの花茎が伸びてきた。線形の葉の中央に身をすくめていた筒花が、小さな三角の総状になって立ち上がる。灰緑だった蕾が藍になり、やがて瑠璃色となって直立する。古い根から出る花は一つだが、昨秋に埋めた新しい球根には三つの花がついている。水仙、あんず、連翹などの白、桃、黄色の花々の競う庭で、瑠璃の青は高価な宝石を散りばめたようだ。藍は、春の庭パレットに欠かせないアクセントカラー。

春が来た

長くて寒い冬だった。一番に咲くはずの紅梅の蕾がいつまでも膨らまない。福寿草やふきのとうは、光に反応するのか、暦通り花をつけた。万作と臘梅もほぼ例年通り。遅れたのは梅と連翹。さらに遅れて、待ちかねた桜が咲いた。上田城跡公園の桜の開花宣言は四月十五日。六日から始まった桜祭りの会場では、二十二日の最終日に向けて書き入れ時。霜柱が消えた朝陽の中で思わずしゃがみ込んで雑草を抜く。ああ、気持ちのいい春が来た。

花まつり

花の季節はまつりの気分。うきうき、わくわく、誰彼となく話しかけたくなる。「そろそろ膨らんできましたか」「まだ、固いですよ」「櫓門の石垣前のシダレが真っ先でしょう」「咲くまでがいいですね」「夜桜はいつごろですか」「平日だけど、今日行かなければね」「せっかくだからお母さん、お隣さんもお誘いしましょう」「何でまた花見の日に風なの」「いよいよ満開」「週末まで保つでしょうか」葉桜になるまで、そわそわの毎日。

花のころ

入学、卒業、人事異動と、人々の心がワサワサするころになると書斎に閉じ籠もりたくなる。右耳の奥にウィンウィンとかすかな響きがあり、頭の左奥でもグィングィンと音がする。芽吹きや球根の開花が安らぎ与えてくれることは間違いない。けれど、雪に埋もれ、寒さに身を縮めていた時の方が、落ち着いて仕事に向かえた。抗うべきものが、分りやすく目の前に存在していたからだ。花は目標を失った者の心を急かし、揺さぶりをかける。

2　夏

アンズの木

末子がまだお腹の中にいた頃、記念樹に一本のアンズの苗を庭に植えた。七、八年目頃から実をつけ始め、ここ数年は数えるほどであったり、手に余るほどに実をつけたりを繰返している。今年は三年ぶりの大豊作である。三人の子らは家を出て、ジャムの消費量は激減したが、鈴生りの果実を落ちるに任せるのは忍びなく、三日三晩、ジャム作りに励んだ。姉妹や知人にお裾分けし、一ビンは丁度帰省した三十になる末の息子が持ち帰った。

シャガ（漢名・胡蝶花）

茶花として好まれるシャガを一株ゆずり受け、庭の片隅に植えてから二十年ほどになる。日陰を好むアヤメ科の常緑多年草で、厚くて光沢のある剣状の葉を叢生させ、高さは四十センチほど。アヤメに似た小形の花は白色で紫斑があり、中心に黄色を帯びる。地下茎で増え、次々と花を咲かせるが、切り花としては短命ですぐにしぼんでしまう。春の花々が一段落し、梅雨入りには間があるころ、お茶の傍らでほんのひととき楽しむ一輪である。

カサブランカ

華やぎがほしくて値の張るユリの球根を庭に埋めた。赤いチューリップや瑠璃ムスカリが咲き終わる頃、竹の葉を何枚も筒状に巻き重ねたような深緑の芽が顔を出す。人の背丈ほどにまで伸びると、頂上付近に小さな蕾が放射状に飛び出してくる。摘花も考えたが、そのままにして、日に日に大きくなるのを楽しみに眺めた。五ミリの花芽が十五センチを超え、日ごとに白みを帯びて膨らみ、やがて、大輪の花が芳香とともに庭を眩しく彩った。

暑い日の夕食

今日もよく汗をかいた。照りつけた太陽がようやく西に傾いて、ブラインド越しに風が入る。首には省エネコマーシャルで見つけたボーダー柄のクールスカーフ、麻のキュロットとTシャツ姿で夕食の支度にかかる。主のおかずが何であれ、暑い日には冷奴が欲しい。ガラスの小鉢に庭の青じそをしいてミョウガを刻む。青ネギの小口切りにおかかを盛り、さらに白ごまをたっぷり擂る。いくつもの薬味が冷えた豆腐にからんで喉を滑り落ちる。

ヒイラギ

玄関先にヒイラギの大木がある。私が嫁いできたときに二十年は経っていたというから、既に五十年は家にある。キンモクセイが強い芳香を放った後、ヒイラギは晩秋に白い小花から上品な匂いを漂わせる。慎ましく爽やかな香が好きで、鼻を寄せては楽しんだ。その木が一年ほど前から元気がなく、植木屋さんに養生をしてもらっても、今年は新芽を出さなかった。ここ数年に相次いで他界した義父母の跡を追うようで、寂しく見守っている。

3　秋

十六番教室の北側の窓から

窓際にそびえる桜の大木が紅葉をはじめ、根元でコスモスが秋風に揺れている。傍らを、校舎から学生寮に続く小道が裏山の麓をたどるように伸びている。山の南斜面では、園舎から飛び出した幼児たちが、サラサラ乾いた日差しを浴びながらドングリを拾っている。紅白の帽子が、木々の合間を見え隠れする。夏の日差しが遠のいたせいだろうか、子どもたちの笑い声までが柔らかい。入学式から半年経ち、窓の風景はいつのまにか秋である。

サザンカの咲く日

南向きの庭で、薄ピンクのサザンカが勢いよく枝を伸ばしている。日当たりがよく、地味とも合ったのだろう、木全体を包み込むようにたくさんの花をつける。膨らんだ蕾が、「ああ、今年も冬が近いんだ」と気づかせてくれる。たった一輪ほころぶだけで、庭が明るくなる。ひとつ開くと後は次々と咲き続き、あっという間に木全体が綿帽子姿である。根元の芝生に、サザンカの花弁が散り敷く小春日和には、冬はもうその門先まで来ている。

キノコ狩り

風に舞う光のように、シュルシュルと肩に舞い落ちるカラマツ。シュルシュル、シュルシュル、密やかな泣き声がキノコの原木に降り積もる。針葉の落ち葉に風が音をつけ、晩秋の木漏れ日が黄金の光を反射する。キノコ狩りは、雪に閉ざされる前の山国の楽しみ。クリタケは栗色をして、二、三センチの傘が群生して顔を出す。軍手を濡らす冷たい湿り気が収穫の手を急がせる。夜の食卓は、湯気の立つキノコ汁とおろし和えで彩りを添える。

ザクロの落葉

吉行淳之介の「驟雨」を読んで以来、落ち葉の季節になると、ある時一斉に降りしきる落ち葉の様が映像とともに脳裏に浮かぶようになった。ニセアカシアの、まだ青みの残る葉が、ある時一斉に音もなく降りしきる。男と娼婦の物語だったが、詳しく思い出せない。

十一月半ば、黄葉した庭のザクロがザーッと降り落ちた。ひと降り、ふた降り、三降りで木は丸裸。ザクロがこの様に落葉することを、私は「驟雨」を読むまで気づかなかった。

春のたのしみ

北向きの書斎の窓に北欧製の二重サッシが嵌めてある。裏庭には渋柿の木が一本。根元はひんやりと、夏でも湿気を帯びて苔生す所だ。晩秋に剪定に入った植木屋が、春の楽しみにカタクリを咲かせてみてはと言う。焼却炉と柊と柿だけの殺風景な裏庭で、反り返った花弁を持つ薄紫の可憐なカタクリが群生すれば楽しかろう。さっそくネットで球根を取り寄せ、手引き書通りに床を整えて、二十一個を埋め込んだ。夏に刈り取った芝を被せて。

4 冬

初冬

一雨ごとに寒さが加わる。濡れた落ち葉は舗装道路にへばりついて箒が役に立たない。隣家の柿の実は収穫されないまま、我が家のガレージの屋根の隅間に溜まって落ち葉ともども朽ちてゆく。黄葉を早くに落とした姫コブシとマンサクは、来春の花芽を準備して北風

に揺れている。未だ青い葉を残したままのロウバイも葉陰には無数の蕾をつけている。木々は早々と春を秘めて冬を越す。時雨がやがて雪になり、四か月に及ぶ長い冬が始まる。

初雪のタイヤ交換

例年十二月のはじめにするタイヤ交換を、今年は十一月二十一日に済ませた。それを見届けたかのように、二十四日に初雪が降った。ほんのわずかちらついただけだが、雪は雪。スタッドレスタイヤの装着がすんでいると安心して冬を迎えることができる。三十年ほど前まで、スパイクタイヤが路面を削って粉塵公害を引き起こした。今では遠い昔の話である。音もなく静かに路面に吸着するスタッドレスの威力に驚かされる。冬が間近である。

まるくて大きな富有柿

真田信繁が父昌幸と共に徳川家康によって蟄居させられた地が、高野山の麓、和歌山県伊都郡九度山町である。その地の名産は富有柿。通常の柿の三倍近く大きい。ひょんなことから同地出身の紳士と知り合った。彼が言ったのだ。「九度山は柿、御地はりんご。いかがです、年の瀬に交換し合うのは」と。二回り近く年かさの方からのご提案を受けて既に十年が経った。大河ドラマ「真田丸」で賑わった両地を、今年も柿とりんごが行き交う。

庭そうじ

師走が来るとお正月の準備を始める。手始めは庭掃除。用済みの植木鉢を洗って片隅に積み重ね、花壇で伸び放題になった秋明菊の長い茎は鎌で刈る。仏壇のお花に長く役立ってくれた百日草とマリーゴールドも根こそぎにする。地面が広々と見渡せるようになったところで、しぶとく増える笹をスコップで掘り起こして根絶やしを試みた。降り積もる落葉は熊手で集めて焼却処分に。数回も続ければきれいな庭でお正月が迎えられるだろう。

冬支度

長くて太い大根が到来した。白が五本、青首も五本、皮が真っ赤な変種や中だけ赤い小かぶも交えて、大きな紙袋いっぱいである。土つきのネギとニンジン、大きな白菜も一玉入っている。さて、どう始末するか。白、赤、青とりどりに、できる限りは甘酢の大根漬けに。残りは葉を落として、土付きのまま新聞紙で包み込む。根菜は埋めるのが最善だが、少量なら却って手間を取る。白菜は芯に切り目を入れて、ネギと一緒に数日、日に干す。

二　日常生活にひそむ豊かな題材

書く目は、ものをつかむ目でもあります。その気にさえなれば、いたるところに書くべき題材が見つかります。ものをつかむ目は、生活に潤いをもたらします。

1　味わい

二百字分のおいしさ

朝のパン

朝食にパンが欠かせない。といっても、はやりの米粉パンは、匂いも歯ごたえもご飯のままで、腹持ちも良すぎて、私の一日の始まりには重すぎる。やはり小麦粉のパンがいい。香ばしい香りと焼き色の上にバターを溶かして杏ジャムを置く。牛乳が滑らかに喉を通り過ぎる。時間のある朝は紅茶を入れて、パンのあと味を噛みしめる。パンはゴマや胡桃、チーズ、小豆餡とも相性がよく、味の変化が楽しい。明朝はレーズンの食パンにしよう。

我が家のラーメン

日曜日の昼は夫の出番。具だくさんの即席ラーメンが定番だ。きのこに人参、キャベツにふとネギ、豚肉やウインナーなど、冷蔵庫の余り物を何でも刻んで中華鍋で炒める。添付の麺とスープに、この具がどっさりのると、ラーメン鉢は炒め物の山になる。さらに、ゆで卵やノリが加わることもある。このラーメンを食べて育った長男は、中学時代に友だちの家で文字通り具のないラーメンを御馳走になり、即席本来の姿を初めて知ったという。

さつまいもご飯

食欲不振が三か月近く続き、体重が四キロも落ちていた。原因が薬の副作用だと診断がついた翌日の昼のこと。台所の隅にしぼみかけたさつま芋があるのに目がいった。「ほっかほっかの炊き込みご飯が食べたい」早速お芋をサイコロに切り、水に放った。昆布と塩と酒で調味し、炊飯器のスイッチを入れる。炊きあがるまでは鼻歌交じりできのこ汁を調えた。炊きたてご飯にちりめんじゃこを山盛りにし頬張ったのは、実に四か月ぶりだった。

心づくしのおもてなし

結婚して間もないころ、練馬の木造アパートに夫の母親と妹が訪ねてきた。もてなしに五目ちらし寿司と野菜の炊き合わせ、それに鯛のすまし汁を用意した。大学を終えたばかりの私は、祭りや地域の行事ごとに母が作ってくれた料理を真似ることしかできなかった。ちらしの具には手間取った。椎茸、かんぴょう、フキ、筍、小エビ、穴子と思いつく限りを煮付けて細かく刻んだ。錦糸卵を焼き終えて、食卓に乗せるとインターホンが鳴った。

著者の声

「おいしい」ということばではおいしさは伝えられない。おいしさには、味覚だけではなく、視覚や嗅覚、聴覚に触覚が深く関わっている。情況を詳細に描くことで味覚を読者のイメージに浮かび上がらせることができる。だれと、何を、どこで、なぜ、どんなふうに食べたのか。さまざまな要素が絡み合う。材料の調達から食後のくつろぎまで、射程範囲は広い。期待に反して、結局口にできなかった経緯がイメージを膨らませることもある。

義母《はは》の十八番

八宝菜（パーパオツァイ）

色取りが鮮やか。エビ、イカ、豚肉、うずら玉子、干し椎茸、白菜、人参、きぬさや。具材の下ごしらえを手早く済ませておいて、食卓に出す直前に一気に炒めるために、色が飛ばないばかりか、熱々が味わえる。義母の十八番の一品だ。好物のエビはいつもとびきり上物が選ばれ、炒め物に使うにはもったいないほど。椎茸もスープをしっかり吸って一口には飲み込めない厚さ。魚や肉のメインの料理に添えてこの大皿が出てくるのだから、たまらない。

涼伴三絲（リャンバンサンスー）

中華風春雨サラダ。学校給食で馴染みのメニューだ。義母のそれは、ドレッシングが絶妙で、甘すぎず酸っぱすぎず。醤油とごま油が最少限度に香りを放つ。いつ尋ねても「適当よ」の返事が返ってくるばかりで、何度挑戦してみても同じ味が出せない。調味料の配合だけではなく、きゅうりや錦糸玉子の極細の切り方が味に影響しているのだろう。子どもたちは、「おばあちゃんのリャンバンサンスー」と、食卓に出るのを心待ちにしていた。

焼き餃子（ジャオズ）

嫁いですぐの頃、義母に招かれた食卓に一つ十五センチ程もある大きな焼き餃子が出された。手作りの皮は噛み応えがある上に、中身の具もたっぷりでボリューム満点。大皿にこんがりきつね色のお腹を見せて並んでいる。夫と三人の義妹たちが子どもの頃は、みなで皮作りを手伝って、一度に二百個は作ったと聞く。食べることが好きで、次々と新しい料理に挑戦したという義母の食卓は、育ち盛りの四人の胃袋を見事に満たしたに違いない。

青椒肉絲（チンジャオロースー）

油通しした牛肉とピーマンが白いお皿の上でツヤツヤとかがやいている。夏にピーマンが出回る頃の定番、青椒肉絲だ。使い込んで黒光りする中華鍋の傍らには、油染みのついた「きょうの料理」のテキストが開いてある。八宝菜も涼伴三絲も、餃子も回鍋肉もすべてがこのテキストから繰り返し調理された。初子で長男として育った夫は、母親と見た料理番組のテーマ曲「タッタカ、タカタカ、タ、タ、ター」が今も口ぐせの料理好きである。

回鍋肉（ホイコーロー）

豚バラ肉は一口大、キャベツは四、五センチ四方に切る。ニンニクは一片を四等分に。小鉢に合わせ調味料の材料を混ぜ合わせる。使い込んだ中華鍋でサラダ油を熱し、ニンニクは香りが立つまで炒める。豚肉を加えて色が変わったら、キャベツを芯に近い部分から順に入れて火を通す。しんなりなったら、調味料を手早くからめる。バラ肉の脂がみそ味のタレを吸い、肉の香ばしさとキャベツの甘みが引き立つ。これもまた義母お得意の逸品。

著者の声

創作グループの仲間に「お義母さんは中国の方ですか」と問われた。なるほど、そう言えば、得意料理がすべて中国料理だ。昭和四年生まれの義母は生粋の信州人だが、戦時中に青春時代を送り、結婚後は主婦として、ＮＨＫの料理番組を見て料理に励んだと聞く。食べることが大好きで、健康そのものだった義母は「タッタカ、タカタカ、タ、タ、ター」の「きょうの料理」で四人の子どもを育て、義父を見送って八十六年の生涯を終えた。

2　家族

里帰り出産

娘が出産を控えて里に戻ってきた。三十年前の自分を思い起こして、生まれくる孫のことよりも回想に忙しくなった。七つ年上の実家の姉が、身体の弱い母に代わってよく私の面倒を見てくれた。娘婿が訪ねてくる度に、かつての夫もこんな風だったのかと、姉の思いが偲ばれる。命名や産前産後の助言に姉と同じことを言っている自分にも気づいた。娘のかぎ針編みのおくるみの完成も近い。私が里で編んだ薔薇模様の肩掛けは、今も現役だ。

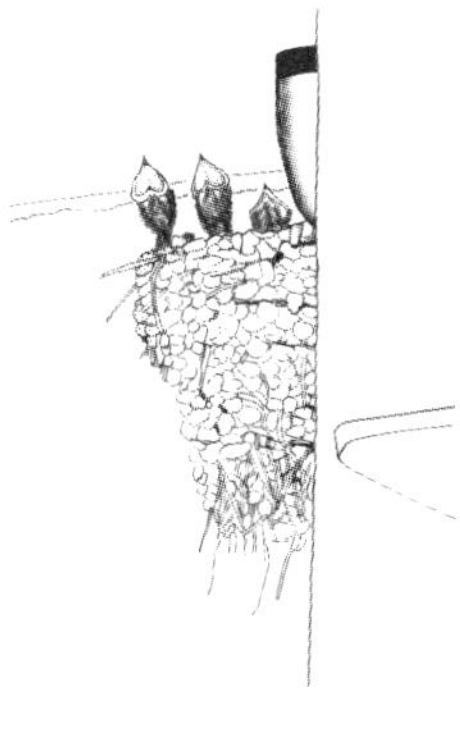

若い父親

近ごろの若いパパはたいしたものだ。産前の講習から出産の立ち会い、産後の妊婦介護まで、迷いなくこなす。陣痛時の腹式呼吸を共にして、いきむにまで力を貸すのだから、二世誕生の瞬間はさらに感動深い。新婚の二人はこうして絆を強め、しっかりと家族を築いていくのだと間近で学び直した。今から同じことはできないが、近ごろの若者たちはなかなか上手にやるものだと感心している。どんな子育てをするのか、傍で見るのが楽しみ。

夜半の呼び出し

寝付いた矢先に電話が鳴る。音は聞こえているが身体が言うことをきかない。ベルが止んだ。あっ、陣痛が来たのかも。予定日が一週間過ぎても気配のない嫁の心配をしていた。再度のベル。やっぱりそうだ。急いで支度をして上の三才の女の子の子守りに出向く、かねての打ち合わせ通りに。二回目である。一昨日は陣痛が治まり、しばらくして戻ることになった。今度はこのまま入院になりそうだ。よく眠っている。じきにお姉ちゃんだよ。

新生児

元気な新生児は、まさに赤子。赤ん坊とはよく言ったものだ。身体全体が脈打つ血潮、毛細血管の塊のようだと言ったら笑われるだろうか。膨らましたての風船の肌は力が漲って、はち切れんばかり。二八二八グラムの小ぶりな赤ちゃんだが、手も足も胸も肩も、目も耳も口も鼻も、欠けるものなくバランスよく整って、一心に乳房をまさぐる。十二時間の産みの喧噪の後、この世に現れたゴム鞠のような生命。赤さは百年の寿命の原資となろう。

巣立ち

末っ子が三十歳を越えた。長女、長男が立て続けに結婚したせいか、次男は当分だろうと高を括っていた。幼少期は小児喘息で手を焼き、小学校高学年では不登校で悩まされた。幸い、中学校は皆勤し、高校では弓道で国体に出場するまで活躍した。健康であれば何も望むことはないと距離を置いて見守ってきた。大学を出て、就職して六年になるのだろうか。彼女を紹介したいと聞いて耳を疑った。子は育ち、やがて巣立っていくものらしい。

著者の声

「夜半の呼び出し」が、意外にも日本語教師の関心を引いた。留学生対象の日本語授業で教材として使っていいかと申し出を受けた。日本語の特徴をよくそなえた文章だというのだ。たしかに、いわゆる主語がない。夜半に起こされて、小さな子どもの子守りに出向くのは誰か。出産前後の事情を知っている日本人なら、この文章の理解に特に問題はないだろうが、英語に翻訳するとなると問題が多い。「よく眠っている」のは、いったい、誰。

3 日々の暮し

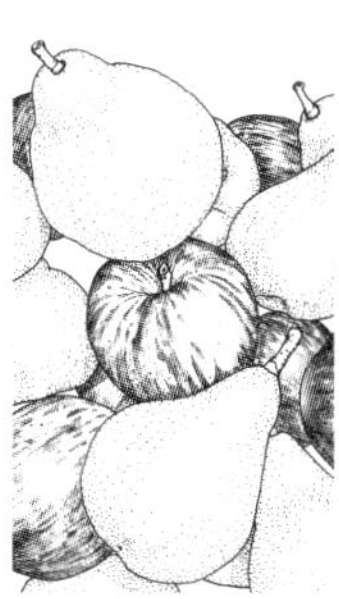

運動会

残暑の中で、連日、運動会の練習をする音がする。徒競走のスタートを告げるピストルの音。入場行進曲とブラスバンド指揮者の笛の音。ピー、ピッ。砂埃が立ち、目がくらみそな運動場の陽炎が目に浮かぶ。組み体操に太鼓が使われるのだろうか。ドン、ドン、ドドドーン。先生らしき大人の男性の声、オクターブ高い子どもの声、マイクを通した声が風に乗って流れてくる。運動会を直前に控えた胸の高まりは、半世紀を経てもなお、蘇る。

中秋の名月

二〇一七年十月四日、北陸新幹線上田駅、十九時五分着の列車を降りて駅舎を出ると、漆黒の空に真ん丸の黄色い月が輝き、右下に宵の明星があった。よく晴れて夜の冷気を感じるが、昼の熱気が残る晩夏、首をすくめるほどでもなく、ゆっくりと夜空が楽しめた。子どもの頃には、母が生けた萩やススキを前に、丸いごまおにぎりを頬張ったものだ。見上げる月にはたしかに兎がいたし、口の中のおにぎりは、いつもとは違うおいしさだった。

りんご

生まれ育った大阪を後にして、長野に暮らして、すでに三十年以上経つ。当初はりんごの季節がきてもミカンが恋しかった。手軽なミカンに先に手が出て、わざわざ包丁でむかなければならないりんごは敬遠しがちだった。お腹を壊したときに食べる果物という思い出が強くて、たっぷり蜜の入ったシャキシャキのふじの食感は、同じりんごとは思えなかった。今では、朝晩に手早くりんごを食卓にのせ、十種を超えるりんごの味も区別できる。

竹箒

古い竹箒の枝先がすり減って用を足さなくなった。しばらく細い鋼の熊手で代用していたが、アスファルトや敷石を掻くときのガーガーという金属音が気に障り、新しい一本を買い求めた。落葉掃きは、やはり竹箒である。シャー、シャー、シャー、と気持ちよく落葉を掻き集める。玄関から門に続くアプローチ、門扉の外の駐車スペース、塀際の側溝から前の通りまで、朝食前に掃き終える。新しい竹箒が朝の落葉掃きを楽しみな作業にした。

いつもと同じように

毎朝の玄関の掃き掃除。時間にすれば一、二分のことで何のことは無い。夜の台所の生ゴミ処理、廊下のモップがけ、電子レンジ庫内の掃除、等々、どれもほんのちょっとした積み重ね。「明日でもいいや」と気が緩むと一日延ばしになる。規律ある日常は、些細なことの積み重ね。怠け心に任せると、崩れるのは早い。気持ちが身体に連動して、きしみが生じる。いつも同じように、同じ速度で活動していれば、身体は惰性でも滑らかに動く。

著者の声

日常は単調な繰り返しである。ところがそれを続けていると、あるとき思いがけない変化に遭遇することがある。それにどう対処するか、試される時である。日々の営みが地に付き、見通しを持ったものであるならば、波はゆるやかに通り過ぎていく。たとえ行く先に大きな変化があろうとも、態勢が整っていれば、心身に大きな害を受ける恐れはない。落ち着いていれば、どんな課題にも解決策は見出せる。今日もまた、日常の作業に勤しもう。

三　二百字を超えて

いつでもどこでも、気軽に小品を書く習慣が身につくとさらに長く、大きなテーマにも挑戦したくなるのが不思議です。二百字で書き溜めた作品が積み重なれば、新たな作品が生まれる気がします。

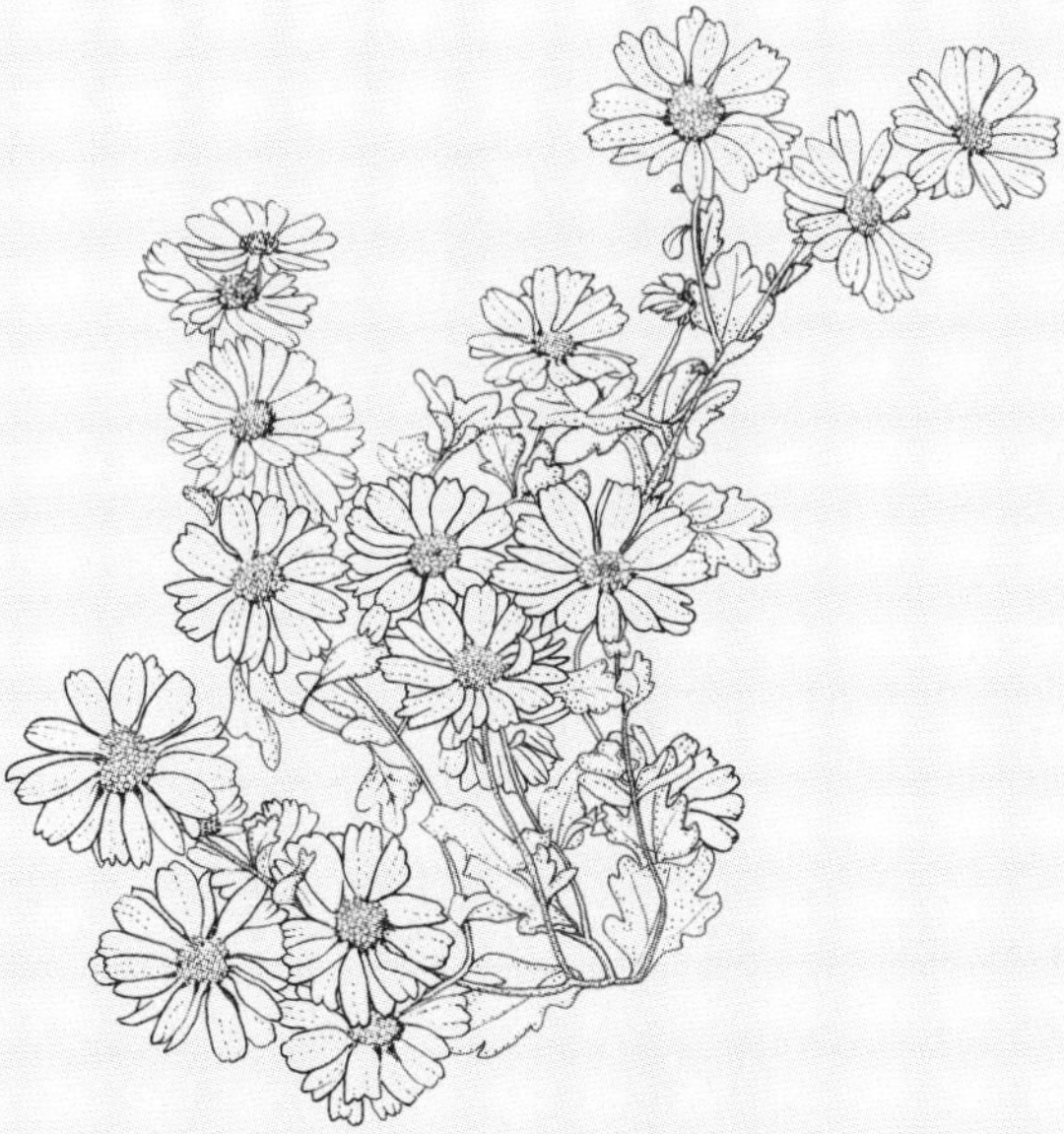

1　連作の試み

二〇一四年　初秋の墓参り

還暦小旅行

九月下旬、卒業した大阪市内の高校から還暦同窓会の通知が届いた。現住所は長野県東部の上田市。故郷は大阪南部の泉南市。実家の墓参りを兼ね、二泊三日の小旅行に出た。朝七時二十分に家を出、最寄り駅まで徒歩二十分。コスモスが秋風に揺れる。八十四歳の姑も、嫁の留守中ひさびさの解放感に浸ることだろう。着いてすぐ姉二人と会食、翌日の朝に墓参を済ませ、夜が同窓会本番。二次会にも参加して三日目の夕方に戻る行程である。

日本のチベット

しなの鉄道上田駅から実家の最寄り駅である阪和線の和泉砂川駅までは、中央西線の特急に乗車、名古屋経由で六時間半。東京回りで「のぞみ」使用なら六時間。羽田・伊丹間を飛行機にしても最速で四時間半かかる。大阪から長野に嫁ぐと決まった時、親友の一人が

「長野は日本のチベットやよ」と囁いた。旅費は片道で、時間が短縮する順に、一万二千九百円、二万四千円、三万一千百八十三円と一万円ずつ増える。かなりの出費ではある。

空の便

チケットレス時代、国内便なら三十分前に空港に着けば搭乗可能。東京大阪間の飛行時間は五十分。中央西線の特急「ワイドビューしなの」だと長野・名古屋間が三時間、東海道新幹線「のぞみ」では東京・新大阪間が二時間半。振り子電車の特急で往復すると、帰宅後二、三日は疲れが残る。「のぞみ」は快適だが、東京経由では距離が二倍近くなる。疲れをお金で解決する方法が、空を飛ぶ行程である。還暦だからできる、贅沢な選択肢だ。

黙祷と語らい

福島第一原発の故吉田昌郎所長は高校の同期生である。二〇一一年三月十一日からすでに三年半が経過し、彼が食道がんで亡くなってからも一年が経った。地震を契機とする原発事故発生直後から数か月間におよぶ孤軍奮闘ぶりは誰もが知るところである。社員の生死のみならず日本国の壊滅にも関わる重大事故への対応を、彼一人にあれほどの長期間負わせる判断は誰がしたのか。還暦祝いの会に、是非とも元気に参加して欲しい人であった。

赤い靴

七歳と五歳上に姉がいる。長姉が六十歳を迎えた時から、互いの還暦祝いに揃って昼食をとり、ささやかな贈り物をする習わしだ。ようやく末っ子の番がきた。日本一高いビルだというあべのハルカスの展望台に上って東西南北の景色を眺めた。昼食は焼き肉の一時間待ちを諦めて鰻のひつまぶし。プレゼントは、先ごろ新調したクロップトのデニムに合わせようと、赤い靴を選択した。デニムも赤い靴も、人生最後の買い物となる予感がした。

結願（二十七日）の墓参り

彼岸の中日は九月二十三日。結願に当たる二十七日が墓参となった。暖かい地方のため、生花はすぐに枯れてしまう。姉はまめに墓守をし、既に新しい花に挿し替えられていたけれど、末っ子の予定に合わせ、新しいものを用意してくれた。大阪湾を臨む小高い丘の墓地からは遥か神戸、大阪市街、関空、淡路島、四国までが見渡せる。物心ついて以来、両親、親類縁者と何度もここを訪れた。元気な姉と、あと何度いっしょに参れるだろうか。

2　二百字を重ねてみたら

食パンの女性《ひと》

十一月半ば、朝七時五十分ごろのこと。ＪＲ中央線、三鷹駅南口は通勤の人々が忙しく行き交っていた。孫を駅北側の保育園に送り届けた帰り道、娘のマンションに戻る途中で、目を疑う光景に遭遇した。歩きながら食パンを食べる女性を見たのだ。黒いコートにチャコールのクロップトパンツ、黒のロングブーツになびく黒髪。大またで駅に向かう、三十歳前後と思われる背の高い女性であった。大勢の人々が足早に行き交う中、邪魔になるとは思いながらも、振り返ってもう一度確認したい衝動が抑えきれなかった。

食べかけの食パンにはこんがりと焦げ目がつき、かみ切った歯形がくっきりと見えた。あと三口もあれば食べ終ろうかというところ。颯爽と健康的に、見たわけではないけれども、ニューヨークのウォール街を、Ｌサイズの飲み物片手にスニーカーで闊歩するビジネス・ウーマンにでも喩えればよいのか。食パンを食べながら歩くというその健康的な食欲に、不思議と不快感は抱かなかった。むしろ、人目を気にしない若い女性の健康的な食欲の発露とその素直さに万歳である。

電車内での化粧や歩きスマホにも、眉をひそめつつずいぶんと慣らされてきた。片手ドリンクも、日本もいよいよ歩きながら飲食するようになったのだとさほど気にしなくなった。しかし、片手食パンに出会ったのはこの時が初めてだ。若い女性である。朝、時間がなかったのだろう。せっかく焼いたのだから、そのままにするにはもったいない。駅に着くまでに食べ終えようということだったのだろうか。いずれにせよ、食欲が勝ったということだけは確かなことのように思えた。

鬱々と人目を気にし、思ったことはすぐには口に出さないように抑えつつ六十年生きてきた。最近になってようやく、自分らしく、それでいて相手をも攻撃しない、多少楽に生きる知恵ができつつあるだろうか。思い返せば数え切れないほど失敗をしてきた。出産後に心配事が重なって眠れなくなり、食欲まで消えて、いわゆる産後鬱だと精神科の医師に診断を受けたこともある。仕事を抱えすぎて家事に手が回らず、土日になるのを待ちかねてたまったアイロンがけをし、昼寝を貪った時期もある。還暦の歳になって、そんな日々が愛おしい。

食パンの女性を見た朝から半年が経ち、初夏が来た。緑のまぶしい季節である。あのときの女性は、今日も健康的な食欲を謳歌しているだろうか。電車内ではスマホでメールをチェックし、ラインで昼の約束を取りつけているだろうか。もしも、半世紀後に生まれていたら、私も彼女のように、毎朝、はつらつと仕事に向かっていただろうか。ある朝の、夢のような感慨である。

二百字程度の段落を五つ重ねてみました。始めは二百字作文でまとめたのですが、それでは十分に書き切れない気がして、しばらくしてから五つの段落に書き広げてみました。長い文章も、こんなふうにして書き連ねていくと、小説もそう難しくないような気がしてくるから不思議です。

日々の心の動きを大事に書き留める、そんな生活を送っていきたいと思っています。

3　文章表現の世界へ

〔参考〕
思考はしばしば風のようである。散歩の途上や風呂の中などでふっと浮かんで消えてしまう思想がある。一度それをとらえそこなうと永久にそれはとらえられない。そういう風のような思想の去来を、もし忠実に書き記しておいたら、どんなによいだろう。（引用者注…現代かなづかいに一部訂正）
谷川徹三「日記雑話」『大阪朝日新聞』（一九三四年一月）

ちょっとした気づきを二百字に書きまとめ、時間軸や空間の広がりに合わせて作品を連ねれば、かなりのことが伝えられそうです。気をつけることは、事実を正確にことばに置き換えるということ。嘘や虚飾や誇張よりも抑制の利いた控えめな表現が効果的です。文字は言うまでもなく、一語、一文、一符号にいたるまで、読み手にきちんと伝わるかどうかに気を配りましょう。

事実をありのままに描き出すことができれば、書き手の心の動きや気づきは大部分伝わるのではないでしょうか。くどくど説明することはやめて、心の動きを誘ったその場の状況を、読み手の脳裏にイメージが広がることを願って正確にことばに置き換えます。それは同時に、自らの心情の確認作業でもあるようです。

二百字作文での基礎練習が終わったら、もっと自由に、深い思索の世界にまで書き及んでみませんか。小説でも学術論文でも、ルポでもファンタジーでも、文種にかかわらず、自分にしか書けない世界を紡ぎ出しましょう。文章表現の世界が、今までよりもっと広がるはずです。

ステップⅢ
短文から長文へ
―二百字を積み重ねて思考を深めよう―

二百字で一段落相当の文章が楽に書けるようになったら、段落をいくつか積み重ねて、大きなテーマを持つ文章を書いてみましょう。メモから始めて、全体像をアウトラインで視覚化し、少しずつ思索を深めましょう。

一　書評で読み手を誘《いざな》おう

課題9　書評を書いて、お気に入りの本を友だちに勧める

読み手の興味をひき、納得させて行動に導く（書物を手にとらせる）までが到達目標です。

条件⑬　ブレーンストーミングで材料を集める

「ブレーンストーミング（brainstorming）」は取材の方法です。文字どおり、「頭の中に嵐を起こすこと」からきており、良いか悪いかなど考えずに、とにかく質より量のつもりで、題目に関して、思いついたことをできるだけ多く書き出してみる方法です。

制限時間を設けて、五分で十個、さらに続けて、十分以内に二十個ほどは書き出してみましょう。思いを巡らすだけでは考えがまとまりませんが、ことばで形にすると、つながりが見えたり新しい発見につながったりするものです。

■手引き■

・書評には**アラン・モンローの五段階の「動機づけの順序」**（motivated sequence）が効果的に使えます。

第一に読み手の注意をひき、**第二**に必要性を示して、**第三**に必要性を満たす方法を提示する。**第四**に具体例で証明して納得に導く。**第五**に読み手の決心を促し、行動に導くために力強く誘う。

第Ⅰ章の二でも紹介したこの展開を応用してみましょう。

・学ぶことは真似ることからと言います。まずは**〈動機づけの順序〉**を参考に、**ブレーンストーミング**で**必要な材料**を十分に書き出してから書き始めましょう。

・情報の伝達だけでなく、深い理解と納得に導き、最後には対象の本を手にとって、読ませるまでが書評の到達目標です。勧める本を十分に読み込んでおくことが重要なのは言うまでもありません。

学生が選んだ著者・書名例

夏目漱石『こころ』／小川洋子『物語の役割』／北川恵海『ちょっと今から仕事やめてくる』

垣根亮介『君たちに明日はない』／夢枕獏『エヴェレスト　神々の山嶺』

アガサ・クリスティー『そして誰もいなくなった』／住野よる『君の膵臓を食べたい』

マイケル・モイニハン、ディードリック・ソーデリンド『ブラックメタルの血塗られた歴史』

板野博行『2時間でおさらいできる日本文学史』／森見登美彦『夜行』

片田珠美『他人を攻撃せずにはいられない人』／ジェイムズ・ヒルトン『失われた地平線』

竹内薫、茂木健一郎『脳のからくり』／西加奈子『きりこについて』

柞刈湯葉・田中達之『横浜駅ＳＦ』／沢木耕太郎『深夜特急』

浅田次郎『王妃の館』／河野裕『いなくなれ、群青』／谷村志穂『移植医たち』

青柳碧人『浜村渚の計算ノート』／宮崎夏次系『僕は問題ありません』
辻村深月『冷たい校舎の時は止まる』／野中柊『きみの歌が聞きたい』
名越康文『どうせ死ぬのになぜ生きるのか』

〈参考書評1〉

水村美苗［著］『日本語が亡びるとき―英語の世紀の中で―』二〇〇八年十月　筑摩書房　金子　泰子《評》

〈国語〉を護ろう

第一　注意をひく段階　**…まず、話に興味を持たせ、注意を集める。**

「日本語が亡びるとき」とは刺激的なタイトルである。評者のような、国語教師に加えて外国人に日本語を教える日本語教師をしている者には、なおさらである。日本語が亡びてしまえば生活が立ちゆかない。何より、日本語は自らの「思考する言語」である。英語は、辞書を片手に読むことはできても、十分な思考や表現の手段とはなりえない。はたして、この本の著者の言うように、日本語は亡びてしまうのだろうか。

第二　必要を示す段階（問題の提示）　**…話に興味を持ち始めた人に、何が大切で、何が必要かを告げ、問題を提示する。**

水村はこの書を「憂国の書」であると述べ、筑摩書房のＰＲ誌（二〇〇八年十二月号）に次のように記している。

海に囲まれた島国に住み、〈自分たちの言葉〉が亡びるかもしれないなどという危機感をもつ必要もなく連綿と生きてきた日本人。それが今、英語という〈普遍語〉がインターネットを通じ、山越え海越え、世界中を自在に飛び交う時代に突入した。二十一世紀、英語圏以外のすべての国民は、〈自分たちの言葉〉が、〈国語〉から〈現地語〉へと転落してゆく危機にさらされている。それなのに日本人は、文部科学省も含め、「もっと英語を」の大合唱の中に生きているだけである。

評者注…普遍語：Universal Language、国語：National Language、現地語：Local Language

教育界に身を置く者に限らず、日本語でなに不自由なく生活する日本人は、あらためて〈国語〉に対する意識を高める必要があるのではないか。

第三　必要を満たす段階（問題の解決法）…大切にして必要な問題の解決法を示し、必要感を満足させる。

明治維新の頃、今私たちが使っている日本語は存在しなかった。西洋の支配を逃れるため、当時の日本人はひたすらに叡智を求め、粉骨砕身、日本語への翻訳に当たったのである。その結果として、現在につながる〈国語〉が生み出された。その〈国語〉が〈国家〉を強化し、さらには日本の豊かな近代文学を成立させる。本書では、この辺のところがじつに明快に解き明かされている。しかも、当時を象徴的に体現する作家として、国民的作家と言われている夏目漱石とその作品「三四郎」を例にあげているために、なおさら興味を持って読み進めることができる。

第四　具体化の段階（証明）…問題解決法の実際を、具体的に目に見えるような形で示し、それがいかに有効な方法であるかを証明する。

〈自分たちの言葉〉〈国語〉で〈学問〉〈世界に通じる学び〉ができる幸せを、われわれ日本人は自明のこととして受け止め、その有り難さを忘れてしまっているのではないか。専門書をすべて原語で読む苦労は想像に難くない。

かつて、心ある人びとが、苦労して〈国語〉を生み出し、〈国家〉をも育んできたのである。まずはその事実を知り、〈国語〉の機能及びその重要性を理解しなければならない。知らないままに〈国語〉を失ってしまう愚はなんとしても避けたい。

第五　行動に導く段階…結論として、相手の決心をうながす。

すでに手中にある宝石の価値は低くなりがちである。幸いにも〈国語〉として継承することのできた日本語を、大事に守り育てていきたいものである。

新学習指導要領が先導し、小学校から英語の授業が始まろうとしている。そんな今だからこそ、日本語で思考する多くの人びとに、この一冊を薦めたい。本書を通して〈国語〉誕生の経緯を知り、理解することが、日本語を積極的、意識的に護ろうとする態度につながると思うからである。

〈参考書評2〉

石井遊佳［著］『百年泥』二〇一八年一月　新潮社　　批評家　佐々木　敦《評》

現実・イメージを越える想像力

インドという国にかんして、誰もが何らかのイメージを持っていることだろう。だがおそらく、その大半は実際のインドとはかなり違った、まさに「イメージ」でしかない。旅行や出張で行ったことがある人でさえ、その間に得られた限られた見聞から「インド」のイメージを形成しているだけのことだ。では実際に住んでみたとしたら？　本作で第158回芥川賞を受賞した石井遊佳は、インドのタミル・ナードゥ州チェンナイ市在住である。夫と共に日本語教師をしながら約三年滞在しているという。受賞が決まった際も帰国しておらず、会見は現地との国際電話で行なわれた。**（注意をひく段階）**

小説の語り手は、作者と同じくチェンナイで日本語教師をしている女性である。彼女の生徒であるインドの若者たちは、飲み込みは早いがやたらと子供っぽいところがあり、教室はいつも騒がしい。夫や教え子について容赦ない文句を垂れまくる快活な語りによって、ＩＴ技術者の一大輸出国である現代インドの姿が生き生きと描き出されてゆく。**（必要を示す段階）**

ところが読み進めてゆくとまもなく、奇っ怪な描写に出くわす。インドのセレブな会社重役たちはラッシュを避けるために「翼」を装着した「飛翔」で通勤するのだという。そんな馬鹿な、と訝《いぶか》っていると、百年に一度の大洪水で氾濫したアダイヤール川の泥の底から、死者や行方不明者たちが、更にはそんなところに沈んでいるはずのない、語り手を含む人々の想い出の品々が続々と浮き上がってくるのだ。**(必要を満たし、さらに興味をひく段階)**

呆気《あっけ》にとられる展開だが、筆運びの闊達さのせいで、殊更に異常なことが起こっている気がほとんどしないから不思議である。そう、このインドは作者自身が現に生活しているインドではない。いや、「現実のインド」と「イメージのインド」を重ね合わせつつ、大胆不敵な想像力によって思いきり異化された「どこにもないインド」なのである。**(証明の段階)**

作者は、この「どこにもないインド」によってこそ、数多《あまた》の「イメージでしかないインド」を越えることができるのだということを、よくわかっている。そしてこの方法は、インド以外のどんな土地や場所に対しても適用が可能である。はやくも第二作が楽しみだ。**(行動に導く段階)**

『日本経済新聞』二〇一八年二月二十四日（土）30面「読書」

課題9「書評を書いて、お気に入りの本を友だちに勧める」 学生作品例1

石原千秋［著］『大学生のための論文執筆法』二〇〇六年六月　ちくま新書　K・K《評》

「知的な」大学生になるために

国語国文科ではおなじみ、「鬼教師」石原千秋先生による論文執筆のための実用書であるこの本は、大学生なら大学生らしく「知的な」人生を送ってほしい、との願いや愛情が込められている。

大学生は小中高生とは次元の違う生き物だ。高校生までは与えられた範囲の中で頑張ればよかった。受験制度がそれを如実に表している。早稲田大学の文系学部・学科に入りたければ、英語・国語・社会などの科目を勉強していれば入れてしまうのだから。しかし、大学とは自身の興味・関心に基づいてある学問分野について研究する場である。だから、自分の研究を行うために、自分で何をすべきかを考え行動しなければならないし、最終的にはその成果を卒論で示さなければならない。それが出来なければ大学を卒業できないのだ。

そこで、石原は「図書館へ行け、本屋へ行け、本は身銭を切っても買え……」と、論文執筆に必要な作法だけではなく、教室の外で学ぶ方法をも示し、知的になるとはどういうことかをも教えてくれる。だから、「余った時間を携帯や合コンなどの遊びにすべて使うような学生は、今すぐ大学を辞めなさい。大学はそんなバカどものためにあるのではない。」と活字でも容赦ない。

教室内で「とにかく教室外で勉強しなさい」と教えること自体が「滑稽」だと石原は言う。教室内はあくまでもヒントを得る場であって、そこから先で何をするかは学生の自由なのだ。本書の至る所に散りばめられたアドバイスから、その自由を最大限に生かしてほしいと願う石原の愛情が感じられてくるのは私だけだろうか。

大学生活は「人生の夏休み」などと言われるが、その「夏休み」を闇雲に過ごすのはもったいない。どのように過ごせば「夏休み」を満喫できるのか、本書はその指針となってくれるだろう。

課題9「書評を書いて、お気に入りの本を友だちに勧める」学生作品例2

板野博行［著］『2時間でおさらいできる日本文学史』二〇一六年十一月　だいわ文庫　H・M《評》

これはおもしろい、日本文学史

高校生で文学史を暗記した人の中には、作品名と作者名の羅列に辟易した人が少なからずいるだろう。国文学科の学生として、今なお文学史に苦しめられている人も少なくないかもしれない。そんな方々に朗報である。『古文単語ゴロゴ』などを著した板野博行が、作品名の羅列などではない文学史の本を著した。

あなたは次の問題についてどう考えるだろうか。『源氏物語』の光源氏をロリコンにしたのはなぜなのか。近代日本初の略奪婚は与謝野晶子によるものか。このような刺激的な問題が本書には多く採られている。

なぜ前述のような問題が浮かび上がり、また解決されるのだろうか。それは、本書が「①原典を知るためのあらすじや有名かつ象徴的な箇所を多数引用　②作品の評価や位置づけ、作者についての興味深いエピソードを豊富に記述　③作品をより深く楽しく理解するための背景知識を掲載」という三つの工夫を施したためである。文庫本にするために仕方なく掲載されなかった作品も多くあるが、日本文学史の主な流れを理解するために充分な量の作品等が紹介されている。

本書は時代ごとに章立てがされており、上代から現代まで全六章で構成されている。各章の初めには、いつの時代か、一言でその時代の文学をまとめるとどうか、押さえておきたい作品は何か、が掲載されている。各章の最初を見るだけでもどのような文学史があったか簡単に理解することができる。そして原典の引用、作者のエピソード、背景知識の掲載によって、より興味深く、楽しく文学史を理解することができるようになっている。

生徒にとって年表と作品名だけを眺める文学史はつまらない。本書を通して文学史のバックストーリーを理解すれば、生徒の興味を引き付ける授業をすることができるだろう。

批評会による作品の交流

五、六人の班を作り、書評の批評会を開きましょう。（巻末資料5「長文合評用紙」、6「班別批評会報告書」使用）

巻末資料5で個別の批評を書き合い、その後、6の「班別批評会報告書」で優秀作品を選考しましょう。その作者にスピーチの場を設けても楽しいでしょう。

この巻末資料6の「班別批評会報告書」は、指導者が作品の出来具合を見ながら適宜活用してください。

書評評価規準

・お勧めのポイントが十分に書き込めていたか。
・興味を持って読み進め、勧誘ポイントが理解できる表現だったか。
・読んでみようという気になったか。

書評合評例1

題名　「『知的な』大学生になるために」　**『大学生のための論文執筆法』**

氏名　K・K

○　**回覧前**の自己評価（文章作成途中における工夫点、今も悩んでいる点、など）

とにかく実用的。良い論文とは何か、実際に論文を読みながら学べる本はなかなか無いはず。第四段階を書いた自覚が無い。

批評欄

知っている人の著書であると示すことで、興味をひくことに成功している。「実用的」であるという点がとてもよく伝わるが、実用書としての面の紹介ももう少し欲しい。

K・N

具体的にどういう大学生活を送るべきかという問題に対する筆者の主張がわかりやすく書いてあって、内容が伝わりやすい文章だと思いました。

「お作法」や「鬼教師」などの、ある意味皮肉なことば遣いが、この文章が単なる硬い文章ではなく、ユーモアのあるものとなっている理由だと思います。

内容を書き連ねるのではなく、魅力を書くところが、すごく良いと思います。

I・Y

印象的なフレーズの引用により、興味がわきました。

「論文執筆」の面にも、もっと触れられるとより良くなると思いました。

N・Y

◎ **回覧後**の自己評価（回覧による気づき、書き直しに向けての注意点、ほか）

今回も、前回の反省を生かし切れず、せわしなく書き上げることに…。

タイトルは「論文執筆法」と付いているが、石原先生は「論文執筆法」を解説しながら、裏では大学生とはどうあるべきかを説いている、ということにもっと重点的に触れれば良かった。

書評合評例2

題名『2時間でおさらいできる日本文学史』「これはおもしろい、日本文学史」　**氏名**　H・M

○　**回覧前**の自己評価（文章作成途中における工夫点、今も悩んでいる点、など）

最近買った本がおもしろかったので、他の方にも読んでもらいたいと思って、この本を選んだ。導入の段落は、まあまあいいかなと思うが、それ以降の段落は上手く書けなかった。特に「問題提示の段落」が良くない。

批評欄

「ゴロゴ」を知っていたので、「ああ、あの本を書いた人か！」となりました。学習の中で「面白い」ということは大切だと思います。それはなぜかということ等、この本の内容をしっかり理解して書かれた書評だと思いました。

N・M

国文科の学生に向けての文章であることで、「読まなければ！」という気持ちになりました。問題提示が上手く書けなかったとありますが、導入で興味を持ち、二段落でさらに詳しい内容がわかって読みたくなり、よかったと思います。

N・A

どういった人におすすめか、といった点が明確に記入されている書評だと思います。内容や本の内容構成といった点もわかりやすかったです。「なぜこの本を選んだか」は書評に直接現れていませんが、その分、客観的な評という感じがします。

T・A

どういった点がおすすめなのか、具体的に内容を挙げて説明できていた点が良かったです。書き出しも引き付けられました。

N・A

三つの工夫とか、まとめの書き方が面白い。「朗報である」も惹かれる。この本の宣伝として長所がしっかりと書かれていて、魅力ある一冊に感じることができた。

K・T

◎ **回覧後**の自己評価（回覧による気づき、書き直しに向けての注意点、ほか）

導入の段落は、やはりまあまあうまく書けた（伝わった）ようでよかった。よく考えたら、この授業には国文学科以外の学生もいるが、国文学科の学生に向けて書いたことが結果的によかったようだ。誰に向けて書くのか、読者を想定して書くことの大切さを改めて認識した。

二　評論で日ごろの考えをまとめよう

課題10　時事評論文を書く

昨今の出来事にも、考えるべき課題は数多く存在します。必要な情報を集めて、体験に照らしたことばで、自分の主張をことばにしてみましょう。主張は、書くことによって明らかになります。

その主張を読み手に訴えるためには、論理的な記述と構成によって文章を展開する必要があります。

条件⑭　構想を練る

文章を書くのが苦手だと思うのは、一気に長い文章を仕上げようとするからです。文章は、段落を積み重ねて作り上げていくものです。どんな内容の段落を、どういう順で並べていくか、おおよその構想をたててから書き始めましょう。

条件⑮　主張を絞り込む

構想過程で、材料を分類、整理、統合、収束させながら、徐々に主張を明確にしていきましょう。

■手引き■

・主張の中に、読み手をハッとさせるような個性的な批評が含まれていると良い評論になります。
違和感（「いやだな」「おかしいぞ」）といった**（主観）**を持った時に、それを**（種）**にして、
↓　そんな気持ち（心）を「かたち」に**（言語化）**すると、
↓　客観**（普遍）**的な「考え」**（主張）**が見えてくる。
・ことばは伝達の機能を持つだけでなく、自身の意識に対して考えを明らかにする手段にもなります。
・論理的な文章を作成するために、あらかじめ構想を練り、全体像を捉えることが大切です。
・**パラグラフ・ライティング**を意識して、わかりやすく構成しましょう。

パラグラフ・ライティング

英語で文章を書く場合に一般化している段落の構成法です。一つのパラグラフは、一つの話題について記述される文の集まりで、主張を示すトピック・センテンスとそれを支える根拠や具体例などを詳しく述べるサポーティング・センテンスから構成されます。各パラグラフのトピック・センテンスをつなぐと、文章全体の要旨となることから、読み解く際にも活用できます。日本語で文章を書く場合にも、段落として応用できます。

「文」・「段落」・「文章」を使い分けよう。

文　一つの完結した思想を述べるもの

段落　比較的長い文章の部分として区別され、それぞれ小主題（トピック・センテンス）によって統一されている文の集合（特別の場合は文）のこと

文章　一主題のもとに展開された統一体

練習　次の見出し、および書き出し・書き結びの段落（文字数）を読んで、中の段落がどのように展開されているか考えてみましょう。

「民際」の縁を心に刻んで　中野　晃『朝日新聞』二〇一七年六月二日（金）14面「社説余滴」

全十一段落

第一（書き出しの）段落

この春、日本では、朝鮮半島であすにも軍事衝突が起きるかのような報道が一部で続いた。北朝鮮のミサイル発射で地下鉄が止まり、韓国への旅行の取りやめや修学旅行の延期も相次いだ。（八十五文字）

第十一（書き結びの）段落

朝鮮半島で何か起きると、社説では主に各政府に向けた主張をする。同時に、隣国のひとびとの多様な姿を伝え、長い時間軸で一衣帯水の縁を考えることも心がけたい。（七十六文字）

学生の活字離れ　―読書の感動大人が伝えて―　望月由孝　同右　15面「私の視点×4」

全七段落

第一（書き出しの）段落

毎日の読書時間「0」という大学生が半数に達したという。私も、教職志望なのに外国の古典文学を一冊も読んだことがないという学生によく接する。聞くと、読書のおもしろさ、大切さを学んでいない。逆に言えば、教師がきちんと伝えていない。ここに読書離れの最大の理由があると思う。（百三十二文字）

第七（書き結びの）段落

親も同じだと思う。驚嘆や発見、納得があった書籍を上手に子どもたちに伝える。その地道な積み重

ねが子どもたちの読書への興味を増やすと確信している。読書時間「0」の解消は、大人たちの責任である。（九十四文字）

〔参考〕（傍線は引用者）

頭の中に沢山のことが表現を待っている。それが一度に殺到したのでは、どれから書いたらよいのか、わからなくなってしまう。ひとつひとつ、順次に書いていく。どういう順序にしたらいいかという問題も重要だが、はじめから、そんなことに気を使っていたのでは先へ進むことができなくなる。とにかく書いてみる。

書き進めば進むほど、頭がすっきりしてくる。先が見えてくる。もっともおもしろいのは、あらかじめ考えてもいなかったことが、書いているうちにふと頭に浮かんでくることである。そういうことが何度も起れば、それは自分にとってできのよい論文になると見当をつけてもよかろう。

外山滋比古（一九八六）『思考の整理学』ちくま文庫 pp.136―137

《題目例》（学生作品より）

英語教育、早ければいいものではない　／いじめの責任　／臓器移植問題　／「絶対化」の恐怖　―家事の共有―　／ガラスの天井　―ヒラリー敗戦から考える―　／被災地で見たもの　／歩きスマホ―そもそもなくせるのか―

課題10「時事評論文を書く」学生作品例1

アマゾンと消えるリアル書店

N・A

街から、書店がどんどん消えている。一九九九年には全国に二万二二九六軒あった書店数は、二〇一四年の十一月には一万三七三六軒まで減少したという。年間約三百軒、一日一店弱が閉店しているという計算になる。

書店の減少は、読書人口の減少とともに語られることが多い。しかし私は、インターネット通販サイトアマゾンの普及がやはり大きな原因ではないかと思うのだ。

今や指先一つで自宅に欲しい本が届く時代になった。アマゾンでは、二〇一二年の日本国内の売上だけで七三〇〇億円超であり、仮に四割が書籍・雑誌の売上だとしても二九〇〇億円にも上る。アマゾンで本を買ったことがないという人は少ないだろうし、書店でよりもアマゾンで本を買う機会の方が多いという人が沢山いるのではないだろうか。

しかし、このまま本の購入をアマゾンに依存し、書店の減少を放置していては危険なのだ。書店が減少を続け、なくなってしまったとき、私たちはアマゾンなどの通販サイトで本を購入するしかなくなる。アマゾンがもし販売する本を選別し始めたらどうだろう。アマゾンが販売しないような本は出版されなくなる。購入ができなくなる。アマゾンに簡単に思想統制されるのだ。リアルな書店が減少し続けるということはこうした危険もはらんでいる。

通販サイトは便利であり、活用していくべきだと思う。しかし、リアル書店をこのまま消し続けてはいけない。街から書店が消えることは、文化や思想が消えていくことに似ている。書店で自由に本を手に取り、めくる感覚を失う前に、対策を練るべきだ。

課題10「時事評論文を書く」 学生作品例2

高齢化社会における世代間交流の推進を

W・T

　昨今公園に、大きい声を出すことや、ボール遊びを禁止する看板が立つようになった。子供の遊び声やボール遊びを迷惑に感じる、いわゆる「シニア世代」からの苦情がもとになっている。高齢社会の影響は、私たちの身近なところにまでやってきているのだ。

　看板が立つだけならまだ良いのだが、地域によっては、自治体単位で指定して禁止されている公園も少なくない。子どもたちが自由に遊べなくなった公園では、シニア世代の人々のラジオ体操やゲートボールの会場になるケースも多い。

　四人に一人が六五歳以上になるといわれているこの社会の中で、彼らの声を無視するということはできない。しかし、そのために子どもたちの遊び場を奪い取ることも難しい。このままでは、問題の解決は難しい。

　両者がただ意見を言い合うだけでは、その溝は深くなるばかりである。この溝が、さらなる問題を引き起こし、状況は悪い方に進まざるを得ないだろう。それならば、問題解決のためには、両者が歩み寄る形での解決策が一番有効なのではないだろうか。

　これからは、公園を中心とした世代間交流の場を増やしていくべきである。それぞれの世代が共に活動できる機会を積極的に提供するのだ。シニア世代が子ども達に伝統的な遊びを教えてみたり、シニア世代と子どもが共にできるラジオ体操の開発なども面白いだろう。かけ離れた世代と文化の出会いの場の中で、公園の新しいあり方が見いだせるのである。
公園の話は単なる一例に過ぎない。高齢化社会の影響が身近になっていく中で、彼らを遠ざけるのではなく、より親密に接する社会の形が求められていると考える。

批評会による作品の交流

五、六人のグループで、評論文の批評会を開きましょう。（巻末資料5「長文合評用紙」、6「班別批評会報告書」使用）

評価規準

・首尾が照応しているか。
・段落分けが明確で、論の展開（段落の接続）に無理がないか。
・書き手の主張に個性が認められるか。

時事評論合評例

題名　「アマゾンと消えるリアル書店」　　**氏名　N・A**

○ **回覧前**の自己評価（文章作成途中における工夫点、今も悩んでいる点、など）

具体的な数を多く使い、わかりやすく想像しやすくしようと工夫したつもりだったが、かえって読みにくい気がする。

字数から書ききれなかったが、通販のメリットについても言及したかった。

批評欄

数で示してもらった方が危機感が伝わりやすかったので、よいと思います。「リアル書店」のワードがインパクトがありました。

K・H

「リアル書店」というワードが独創的で、引き込まれました。ただ、アマゾンによる選書が課題なのか、本をめくりながら買う機会の消失が課題なのかでブレてしまっているようでした。

僕の近所の書店消えて、周りに本屋がなくなってしまったので、とても実感が湧きました。最近根深い問題に取り組んでいてよかったと思います。

O・R

書店を文化・思想の自由の象徴としてとらえ、的確な指摘をしていると思います。

自分もアマゾンで買うことが多いので、ハッとさせられました。

C・H

「アマゾン批判」がメインなんですね。字数が少ないので仕方ないですが、書店側の問題点も取り上げてほしいと思いました。　G・Y

書店の危機という話は聞いたことがあっても、数字で迫られるとこんなにもかと恐怖を感じました。自分は本屋で何を買うでもなくふらつく時間が好きなので、なおさら衝撃でした。　M・H

◎**回覧後**の自己評価（回覧による気づき、書き直しに向けての注意点、ほか）

アマゾンの利点、書店の問題点について書けなかったのは、やはり文章に厚みが出ない一因になっているなと感じた。字数が少ないのもあるが、もっと簡潔に書き、多角的に批評して書き直したい。

（以下、本文及び批評欄は未収録ですが、前後の自己評価に記された着眼点を参考にしてください。）

前　読み返してみると、首尾のつながりが微妙だと改めて思った。段落分けも難しい。

後　話がまとまらなくて、具体性がないと指摘され、たしかに、と納得した。問題提起をもっと明確にして、具体的な例を取り入れた文章にしていきたいと思った。　O・M

前 枚数の制限もあったが、問題提起に終始してしまった感があり、主張が薄くなってしまった。

後 指摘にあるようにテーマが大きかったと思うので、まずは構想の段階で練ることができると良い。

N・Y

前 序・本・結の流れを意識しているつもりだったが、序と結のつながりがイマイチだった。最初の改行がいらなかったかなと思う。

後 無駄な改行を結構してしまっているなと感じた。もう少し数値を入れて具体化してもいいのかなと思った。

K・H

三　随筆で自由に思いを語ってみよう

課題11　感性に従って、随筆を楽しむ

随筆とは何でしょうか。ここでは、あまり難しく考えずに、書き手も読み手も、ともに楽しめる文章だと考えたいと思います。感想文や行事作文のように、指導者に書かされるものではなく、自分が書きたい、人にも伝えたいと思う、そんな文章をいっしょに楽しんでみませんか。

条件⑯　アウトライン（題と主題文を含む）を作成する

読み手にもっとも伝えたいことは何か、アウトラインの作成を通して考えましょう。

【参考】　吉田精一（一九九〇）『随筆とは何か―鑑賞と作法―』創拓社

随筆とは

それはどういうものか。といえば、小説とか戯曲とか、学術論文とかとはちがい、形式的な制約をもたないで、自由に見聞、体験、感想、小論などを書きつづったものではあるけれども、個性のないものではなく、宣伝文や広告文のように、ある特別な功利的目的をもたないものでなければならぬ。従って演説のように肩肘はったものよりは、日常座談に似たくつろぎをもって、自然や人生の万般について語る作品、というほどのことである。（pp. 8―9）

随筆の書き方

書き出し・・全体の文章の内容・主題・調子とひびきを合わせたもの。短いほど工夫がいる。

内容・・・・およそ随筆中もっとも聞くに堪えぬものは自尊自慢の文章であるとともに、自分にひきかけて他人を讒誣（ざんぶ）中傷する種のもの。深い感動、深い印象、それを心静かに順序立てて述べることが重要。

構成・・・・・ある目的をもった評論や、とにかく事件や行動をおって筋道を立てねばならぬ小説や演劇にはないわき道や漫歩が許される。しかし、何らかの意味で序破急的なものの内在することが、よい随筆を書く上の条件。

主題・・・・・随筆の主題は、それがきわめて偏った感覚であろうと、一般に通用しない意見であろうと、そんなことはどうでもよい。きわめて個性的であり、特殊であり、独自であれば良いので、異常な生活経験をもった人や、一技一芸にすぐれた芸術家の随筆が面白いのはそのためである。

結び方・・・・書き出し同様、筆者が一番苦心するところ。比較的短いものが多いため、気の利いた結び方が、価値を倍加し、または激減する。

叙述・・・・・山の名、鳥の名などの固有名詞をはっきりとうたうことは、描写をする場合、文章に実感を与え、感情を堅固にし、つまり具体的な印象を強めるためにはなはだ重要である。「天城山、大室山……」とか、「新島……利島、三宅島……」とかいわないで、「山々が」とか、「島々が」とかいった場合とは、比較にならない感情の密度がある。「景色のいい所」という場合も、「尾道、松江、我孫子、……」というふうに実名をあげるほうが、一そう実感が強まる。

（pp. 171―238より要約抜粋、傍線も引用者）

■手引き■

・どのように書くことを見つけるか

身の回りをよく観察し、日ごろ見慣れたものやしなれたことにも疑いの目を持つようにすると、書くべきことはいたるところにあります。**常識に縛られない**ように、**多様な価値観を身につけて、複眼で物事を見る**ように努めましょう。書くことは、書くべきものを自分の目でつかむことから始まります。

文章を書く際の大敵は、勝手な思い込みです。**知らず知らず身につけてしまった偏見や誤認**が数多くあります。人が見てきたものや考えたことを、あたかも自分自身のそれでもあるように思い込むことなど。まず、これらを排除しましょう。

文章を書く行為は、結局のところ、自らの世界を見つけ出すことにほかなりません。新たな自分を探すために、さあ、書いてみましょう。

・他者の目を通して

物質的に豊かな世の中ですが、日々の生活も感動に満ちているかというと、決してそうではありません。むしろ、物質面での刺激になれすぎて、精神的な豊かさを感じる力を失っているのかもしれません。

何の疑いもなく過ごしている日常ですが、**他者の目を持って観察**してみましょう。外国の文化や人びととの接触の多い時代です。自分たちの文化とは違うからと非難したり拒絶したりするのではなく、他者の目から、自らを疑い、想像力を駆使して観察してみましょう。外国文化に限らず、日常いたるところに他者の目は存在します。幼児の目、老人の目、病人の目、異性の目、異業種の人びとの目、等々。自分の目では見えないことが、他者の目を通すとはっきりと見えることがあります。感性を研ぎ澄ますために、他者の目を持つ余裕と勇気が必要です。

・随筆のおもしろさ

寺田寅彦や朝永振一郎といった有名な科学者に名随筆家が多いのは、一般の人びとにはない豊富な知識と鋭い観察眼があるからでしょう。同じ学者でも、逆にその知識や見識がじゃまをして、味気ない文章しか書けない場合もあるようです。感動と知識や見識との調和も大切です。知識や見識に裏付けされた感動が、落ち着いた物腰で、静かに語られるところに、味わい深い随筆が生まれるのです。

・ことばの数を増やそう

身近にあるものの名を積極的に覚える努力をしましょう。木や鳥に限らず、動物、昆虫、色彩、農作物、さらには、政治、経済、科学、宗教、歴史、医療、その他、覚えたいことばの領域は無限にあります。無意識に過ごせばいつまでもことばの数は増えませんが、日々の生活の中で、少しずつ気をつけていれば、長い一生には大きな成果が出るはずです。次のような辞書や辞典の類は、常に身近に据え置きましょう。自分の興味のある分野から始めてみませんか。

例　色名辞典・植物辞典・歳時記・各種図鑑（樹木・植物・鉱物・昆虫・岩石・天文、ほか）

〔参考〕

美しき花もその名を知らずして文にも書きがたきはいと口惜し。甘くもあらぬ駄菓子の類にも名物めきたる名のつきたらむは味のまさる心地こそすれ。

（四月十三日）

正岡子規（一九八四）『墨汁一滴』岩波文庫 p.90

〔参考随筆1〕

庭にくる鳥

朝永振一郎

庭に作った鳥のえさ台に冬は毎日りんごを半分おくことにした。そうすると、ひよどりやむくどり、おながなどがそれを食べにやって来る。半分のりんごはだいたい一日で食べつくされるが、その代り彼らは台の上や下にふんを残していく。

そのふんの中には、丸いのや長いのや大きいのや小さいのや、何か植物の種子が入っている。それでそれを集めて保存し、四月ごろに鉢にまく。そうすると入梅のころからいろいろなものの芽が出てくる。

ふた葉の時は何の芽かわからないが、本葉が出るとおよその見当がつく。そして秋ごろまで待つと、もうはっきり何であるかがわかる。そのようにして、今までに生えたものの名をならべると次のようなものがある。

ツタ。アオキ。ネズミモチ。イヌツゲ。ビナンカヅラ。ナツメ。オモト。シュロ。ツルバラ。

朝永振一郎（一九七五）『随筆集　庭にくる鳥』みすず書房 p.12

日常の何気ない様子を描いていますが、自然科学者としての作者の物を見る目がよく窺えます。どこといって構えたところのない、穏やかな書きぶりでありながら、時間やものの量、形、種類などに関する観察は非常に正確です。書き方には、何の飾り気もなく、自然で、誇ったような様子はどこにも見受けられませんが、それが、かえって読み手の心をとらえるようです。

作者は、ふんの中の種子を集めて保存し、それを鉢にまいて、そこから生えてくる植物をも詳しく観察しています。

ここに紹介した部分だけでも、三種類の鳥の名と九種類の植物の名とが出ていますが、このあとに続く文章の中では、さらに十一種類の鳥の名が出てきます。それらをここで取り出してみましょう。

ひよどり、むくどり、おなが、しじゅうがら、あおじ、かわらひわ、
ひたき、うぐいす、めじろ、きじばと、すずめ、からす、ひばり、こじゅけい
ツタ、アオキ、ネズミモチ、イヌツゲ、ビナンガヅラ、ナツメ、
オモト、シュロ、ツルバラ

これらの名前なしにはこの文章は仕上がりません。果たして、私たちは、これらの中のいくつを知っているでしょうか。

寺田寅彦の弟子に、これまた名随筆家として有名な中谷宇吉郎がいます。雪と氷の研究に新生面を開いた物理学者として世界的に名高い彼が、雪の舞い降りる様の美しさを描き出した文章の一部分を紹介しましょう。

物事を正確にことばで描き取ろうとする科学的な姿勢が学べます。

〔参考随筆2〕

雪雑記

中谷宇吉郎

…夜になって風がなく気温が零下十五度位になった時に静かに降り出す雪は特に美しかった。真暗《まっくら》なヴェランダに出て懐中電燈《でんとう》を空に向けて見ると、底なしの暗い空の奥から、数知れぬ白い粉が後《あと》から後からと無限に続いて落ちて来る。それが大体きまった大きさの螺旋形《らせんけい》を描《えが》きながら舞って来るのである。そして大部分のものはキラキラと電燈の光に輝いて、結晶面の完全な発達を知らせてくれる。標高は千百米《メートル》位に過ぎないが、北海道の奥地遠く人煙《じんえん》を離れた十勝岳の中腹では、風のない夜は全くの沈黙と暗黒の世界である。その闇《やみ》の中を頭上だけ一部分懐中電燈の光で区切って、その中を何時《いつ》までも舞い落ちて来る雪を仰いでいると、いつの間にか自分の身体が静かに空へ浮き上がって行くような錯覚が起きて来る。外《ほか》に規準となるものが何も見えないのであるから、そんな錯覚の起きるのは不思議ではないが、しかしその感覚自身は実に珍らしい今まで知らなかった経験であった。

樋口敬二編（一九八八）『中谷宇吉郎随筆集』岩波文庫 p.25

次に紹介する、森毅の「不健康のままで生きさせてよ」は、引用者が小学生の息子の小児喘息に悩んでいたときに読んで、助けられた文章です。不安で締め付けられるほどだった胸の痛みが、ひとときすっと消える思いがしました。

〈参考随筆3〉

不健康のままで生きさせてよ

森　毅

ほんとうのところ、「健康」という概念が、ぼくにはあまり理解できていない。やせすぎず、ふとりすぎずとか、血圧は高からず、低からずとか、からだ中のあらゆる機能が、すべてにわたって「正常」であるというのが、ひどく奇妙な気がするのだ。どちらかの方向に逸脱しても、その形で生きていて、なぜ悪いのだろう。

それに、「正常」というものが、「異常」を持たぬことでしか、定義できないような気がする。これが、自分にはなにかの「異常」があるのではないかと、つねに気にかけずにおれない、健康強迫症の構造ではないか。

この構造は、みごとに「いじめの構造」と相同的である。集団のなかで、みんなが「正常」であらねばならぬ。それは、「異常」を探して、「異常」を排除することで、達成される。

（中略）

たしかに、世間の人がみな「不健康」だと、この社会がまわらないかもしれない。社会を動かしているのが、「健康」な人たちだというのも、ある程度は正しいかもしれない。しかしながら、この社会というものが、「不健康」をも包みこむことで、よく生きているのも事実である。社会が「健康」な人ばかりになったら、それは社会がやせていることでもある。

だからぼくは、「子どもは元気に、健康で」などと、強制すべきではないと思う。「不健康」なら、それなりに生きていけばよい。

森毅（一九八六）『はみだし数学のすすめ』青土社 pp.93—94、p.96

武満徹の「吃音宣言―どもりのマニフェスト」も痛快です。自分がどれほど常識というものに縛られていたか、思い知りました。

〈参考随筆４〉

吃音宣言　―どもりのマニフェスト

武満　徹

どもりはあともどりではない。前進だ。どもりは、医学的には一種の機能障害に属そうが、ぼくの形而上学では、それは革命の歌だ。どもりは行動によって充足する。その表現は、たえず全身的になされる。少しも観念に堕するところがない。

武満徹（二〇〇〇）『武満徹著作集1』新潮社 p.70

練習　**次の例を参考に、随筆のアウトライン（題と主題文を含む）を作成しましょう。**

アウトライン学生作品例１

題「かわいい」は誉め言葉ではない

主題文「巷にあふれている『かわいい』は本当に中身のある誉め言葉か。」

１　導入…「かわいい」という言葉を使う場面が多岐にわたる。

２　古典単語の場合…古典単語の「かわいい」によって、この言葉がどんなニュアンスを含むのかを考える。

3　実例…岩合光昭さんを例に「かわいい」は相手を対等に扱ったうえでの賞賛ではないことを説明する。
4　解説…言う方、言われる方の双方から「かわいい」の使い方、使われ方の危険性を示して考える。
5　まとめ…このような世の中の在り方に疑問を呈し、正しい使い方を提起する。

アウトライン学生作品例2

題　国語が嫌いだった国文科のわたし

主題文「私は今、国文科という特効薬を使い、国語アレルギーの治療途中である。」

1　導入…国語国文学科に所属しているが、中学・高校と国語が大嫌いだった。国語が嫌いだけど、国語が得意という矛盾をはらんでいた。
2　理由（具体例）…特に小説で、筆者がどう考えているかという問いに対する答えの根拠が分からない。
3　変化…思いがけず早稲田大学教育学部国語国文学科に受かった経緯とそこに通うようになり生じた国語に対する気持ちの変化。
4　具体例…国文科の先生はプロフェッショナルで授業が面白い。特に石原先生の文学理論や大津先生の平家物語、中嶋先生の西鶴。
5　まとめ…自分の経歴を生かし、生徒に少しでも楽しいと思ってもらえるような授業のできる国語教師になりたい。

課題11「感性に従って、随筆を楽しむ」学生作品例1

「かわいい」は誉め言葉ではない

T・A

みなさんは一日に何回「かわいい」という言葉を口にするだろうか。友達が髪を切った時や、新しい服を着てきた時、何か小さな失敗をした時、猫が通りかかった時。しまいにはおじいちゃん先生やいい年した大人にまで「かわいい」と表現していることだろう。世界中でも「ＫＡＷＡＩＩ」という言葉が広がり、この言葉を使う場面は多岐にわたる。

しかも、言う方も言われる方も誉め言葉としてとらえている。しかし、こんなにも巷に溢れかえっている「かわいい」が本当に中身のあるほめ言葉だろうか。

少し突飛であるかもしれないが、「かわいい」と訳す古典単語について考えていく。「かわいい」と訳す主な古典単語は４種類ある。すなわち「うつくし」「いとほし」「かなし」「らうたし」である。そしてそれぞれの意味は「うつくし」は小さいものや幼いものをかわいいと表現すること。「いとほし」は「かわいい」の他に「気の毒だ」という意味があり、あまり誉め言葉ではないニュアンスを持つ。「かなし」は愛らしい、かわいらしいという意味。「らうたし」はか弱く、無力なものに対して心が痛むほど愛情を感じるという意味である。

こうして古典単語の意味を説明してきたわけだが、これを通して、私が言いたいことは、いずれも自立した一人の立派な人間に対する対等な目線からの賛辞ではないということだ。

実際、猫の写真家として有名な岩合光昭さんは猫に対して「かわいい」という感情は抱かないようにしているそうだ。その気持ちは撮影対象の猫を対等に扱っていないからだ。自分よりも弱くて、小さいものとして猫を見れば、猫の方も心を開かず、良い写真が取れないそうだ。

「かわいい」という言葉を発する時、対象に対してこの形容詞が本当に適切であるかきちんと考えて口に出しているのだろうか。まるで相槌のように適当に「かわいいね」と使っていないだろうか。それは失礼に値する言葉になってしまう可能性をはらんでいる。私達は相手や状況に即してもっと考えるべきである。

また、「かわいい」と言われた事をそのまま受け取ってはいないだろうか。その言葉はあなたを対等に見ていない。あなたを見下している言葉の可能性がある。いつまでも幼い子供、小さくて弱い者、愛でる対象としての見方しかされていないかもしれない。

いずれにしても「かわいい」という言葉が持つ意味を考え直す必要がある。なんでもかんでも「かわいい」という言葉で誤魔化して、対象に対する本質的な気持ちを隠す態度を良しとする風潮を改めるべきだ。

課題11「感性に従って、随筆を楽しむ」学生作品例2

国語が嫌いだった国文科のわたし

K・A

嫌いな教科を問われれば「国語」と答え、得意な教科が何かと聞かれても「国語」と答える。中学・高校と、私はそのような矛盾を抱えながら学校生活を送ってきた。

私が国語を嫌う理由をあげると、枚挙にいとまが無い。たとえば、「文章を読んで、筆者が何を考えているか答えなさい。」という問い。これは、私が国語アレルギーを思うようになった原因といっても過言でない。論説文ならまだしも、小説で、しかも教科書やテストに抜粋された一文から、なぜそのようなことが読み取れるのかが不思議でたまらなかった。私にとって国語は、迷宮入りと同じなのだ。

そんな私に転機が訪れたのは、早稲田大学の国語国文学科への入学である。先述したように、国語嫌いのくせに国語が得意だった私は受験の際、国語の傾斜配点が高い学科を優先的に受け、国文科に無事に合格することが出来た。

入学当初は、大嫌いな国語を学ぶ学科で上手くやっていけるか不安だったが、それも杞憂に終わった。上代の松本先生、『平家物語』の大津先生、西鶴の中嶋先生など早稲田の国文科には各分野のプロフェッショナルが揃っていて、国語アレルギー罹患者の私でも興味深く学ぶことができる。

特に良くも悪くも評判のある、石原千秋先生の文学理論に関する講義は、強い衝撃を受けた。作家論やテクスト論、構造主義や心理分析を学ぶことで、文章を理論的に読めることを体感でき、私の国語に対する態度は一変し面白いと思うようになった。

私は今、国文科という特効薬を使い国語アレルギーの治療途中である。この症状が完治した暁には国語の教師となって、理論的に文章を読む面白さや、国語の奥深さを生徒たちに伝えていきたい。

課題11「感性に従って、随筆を楽しむ」学生作品例3

國家經營白書（アウトラインは未収録）

K・T

余は一国一城の主である。領土はマンションの一室、国民は余一人、主権も余。立派な独立国家ではあるまいか。

誰もいない生活とは、慣れてみると楽なものだ。大学のない日にゴロゴロする決議案を出しても満場一致。国家元首の権限として予算案を自由に組むこともできる。他国からはタブー視されている軍隊《自宅警備隊》も保有しているのだから国防も万全だ。

因みに、我が国では日本国の円を使っているため、外貨稼ぎ《アルバイト》が求められる。その一環として、余は他国へと赴いて教育活動を普及させるＮＧＯ《自宅警備隊》に参加している。非営利？　気にするな。

とは言え、我が国の食料自給率は０％。このままでは、たった一人の国民が飢えてしまう。国家元首として定期的にスーパーとの外交活動を展開しなければならぬ。付近の店舗数カ国と国交を結び、外遊《買い出し》をするのだ。

国と国の駆け引きは、相手国の時勢を読むことが肝要となる。その一つに為替レートの変動、即ち「たいむせぇる」がある。

ドル安《値引き》の影響を受けた舶来品《お総菜》を手に取っていくと、まるで主婦のような気分に浸ることができる。一人でファーストレディーの役割も果たすとは、国家元首の鑑であろう。

だが、相手も強かである。予算を削減できるかと思いきや、実際は半分の額で倍の量を買わされてしまうため、支出は普段と変わらないのである。

　このように、政治、国防、金融、外交の諸方面で余はその手腕を発揮することができている。が、時には虚しく思うこともある。国民が少なすぎる、生活が自堕落すぎるのだ。このままでは年を重ねるごとに高齢化の一途を辿り、国家の福祉をも破綻させるばかりだ。

最近、友好国から移民受け入れ《ルームシェア》の要請が出てきたが、それも何か違う。

余も、いずれは家庭を持つことになるのだろうか。そうなれば、国家改造計画が進み、今のような生活は送れなくなる。それは結果的に、国家の繁栄をもたらしてくれると確信する。

だが、それでも。今はこのままでいい。余は一人ぼっちで自堕落で気楽な、そんな日々を愛してやまないのだから。

批評会による作品の交流

　随筆の批評会を開いて、互いの作品を楽しみましょう。（巻末資料5「長文合評用紙」、6「班別批評会報告書」使用）

批評会の要領

・アウトラインを作品に添えて回覧する。
・批評しやすいように、作品の段落に1・2・3…の番号を打つ。

随筆評価規準

・題、主題文は内容にふさわしいか。
・文章の展開がアウトラインに沿っているか。
・位置を変えたり、新たに加えたりした方がよい段落（内容）はあるか。

随筆合評例

題名「國家經營白畫」　　氏名　K・T

○**回覧前の自己評価**（文章作成途中における工夫点、今も悩んでいる点、など）

普段使わない「余」という一人称からの独白で、コミカルさを出したかった。ルビはお遊び。楽しんでもらえたら、と思う。

読者に語りかけているっぽくした。一人ぐらしの魅力が伝わればなぁ！

アウトラインはざっくり、書きながら構成をふくらませて再読時に修正した。

批評欄

随筆というより、一つの私小説といった趣があるように感じます。文体がいわゆる文豪の自白というか、（悪い印象のことばで申し訳ないですが…）偉そうな感じで、一人暮らしのもどかしさはあまり感じられなかったか？　と思います。

T・T

アウトラインはよく分かりませんでしたが、内容が圧倒的におもしろかったと思いました。

O・K

アウトラインの斜め上を行く内容で面白いです。ルビの使い方がいいなと思いました。

K・K

一人称が面白い。どこか夏目漱石を連想させるものがあると思いました。また、当て字なども面白く、吹き出しそうになりました。「我」というものが垣間見えたような気がしました。

S・S

一人暮らしを国の運営に例えていて面白かった。こういう想像って楽しいですよね！（良い意味で）ふざけている部分も多少ありましたが、導入→例→まとめの流れがしっかりとしていて、内容も入ってきやすかったです。

S・M

◎ **回覧後**の自己評価（回覧による気づき、書き直しに向けての注意点、ほか）

アウトラインは最初にイジって手直ししていないため、やはり本文を書く中での追加要素によって良くも悪くもズレてくれた。予定通りでは面白くない。まずは書いてみなくては。内容は好評のようなのでホッとしてる（フザけすぎた感あったので）。

（以下、本文及び批評欄は未収録ですが、自己評価に記された着眼点を参考にしてください。）

前　随筆の流れがそもそもわからず、どう流れを作ったらいいのかよくわからなかったので、導入・まとめくらいしかアウトラインに沿ってないと思う。

後　読み返してみるとアウトラインとは何だったのかと思う。一応文章を書くときにはアウトライン（設計図）から書くのだが、文章を書き終えるとあまりアウトラインに沿っていないことが多い。「神様が降りてくる」（某先生の表現）のは悪いことではないと思うが、もう少し最初の構想に沿ってもよいのではないか。

H・M

前　評論と大差ない文章になってしまった気がする。ただの作文にならないようにと考えるあまり、自分の考えをさりげなく入れることができなかった。自由に書くというのは難しいと思った。

後　批評欄で書いていただいたように、文章が硬すぎるかなと思った。アウトラインをつけることを忘れていて、後付けになってしまった。発表して気付いたが、最後のまとめの段落が長すぎた。二、三段落目はつなげてしまってもよかった。

O・N

ステップⅣ

おさらいの学習

これまでの学習を基に、復習をしましょう。

一　文章表現学習のまとめに向けて　―作品の推敲、修正、完成へ―

課題12　センテンス・アウトラインを作る

書評（課題9）・評論（課題10）・随筆（課題11）の中から一つを選んで行ないます。

条件⑰　センテンス・アウトラインを作成する

文章の青写真を作成しましょう。

手引き

・既に書き上げた文章をもとにアウトラインの書き直し作業をします。題と主題文、段落間のつながりをチェックし、文章の整合性を確認するのです。

・「語」や「句」による簡潔な見出しで図式（マップ）化したものを、トピック・アウトラインと呼びます。一方、各項目を、文単位で、わかりやすく書き記したものをセンテンス・アウトラインと呼びます。今回の課題は、センテンス・アウトラインの作成です。

・推敲作業は、誤字・脱字の修正に留まるものではありません。語、文、段落、文章全体を、効率よく推敲するために、まずは全体の構成から見直しを図ります。

・アウトラインに記述時間や字数の目安も書き込んでおきましょう。

それぞれの段落に使う字数や記述時間の目安です。例えば、一時間で千字程度の文章を書くとしたら、次のように、おおよその所要時間と字数をあらかじめ考えておくのです。

はじめとおわりの段落は短め（百五十字程度）にし、実証の段落に十分な字数（二百字以上）を配分します。はじめとおわりの段落の役割はたいてい決まっていますから、主題が明確であれば、まとめ（首尾照応）に悩む時間も少なくてすむはずです。

途中で書きよどむことのないように、書き始めるまでの構想の時間を最低十分は取りましょう。はじめとおわりの段落の記述には各五分、中に三つの段落を入れるとして、各十分、推敲に十分と計画します。これが、総字数千字、所要時間六十分の場合の目安です。

細かい時間配分を示しましたが、あくまで目安であり、落ち着くための一つの方法に過ぎません。為すべきことをあらかじめ書き出しておくと焦らずにすみます。準備が整ったら、一気に書き上げましょう。

・スプリングボードの役割

アウトラインは大切ですが、あくまで文章作成準備や推敲のための一手段であって、アウトラインそのものが目的ではありません。構想の過程では、材料を差し替えたり主題を確認したりする作業が何度となく繰り返されます。その間に新しい考えが芽生え、主題が変わることもあります。このプロセスが書き手の思考を確かにし、叙述の工夫につながるのです。アウトラインは、創造（新しい考えの発見）

のための手立てだということを心に留めておきましょう。

トピック・アウトライン例

題………いじめをなくすために　―相手の気持ちを理解しよう―
主題文…自分以外の人の気持ちを理解しようとすることがいじめ防止につながる。

① いじめは相手の気持ちに対する想像力の欠如　（主題提示による導入）　頭括型
② いじめられる側の心理　（中学時代、不登校にまで追い詰められた友人の例）
③ いじめる側の心理　（おもしろ半分、相手の気持ちは蚊帳の外のいじめっこたちの例）
④ 相手の気持ちを斟酌する想像力の欠如　（②と③から言える中まとめ）
⑤ 両方の立場を身近で経験　（特にまとめをしない結び）
⑤ 相手の気持ちの理解がいじめ防止に　（主題の再提示によるまとめ）　双括型

センテンス・アウトライン例

題………ジェンダーフリー　―らしさという壁を越えて―
主題文…その人らしさこそがジェンダーフリーなのだと思う。

①　昔から言われる「男らしさ」「女らしさ」が消えたらどうなるのか。（話題提示と問いかけによる導入）
②　昔は、生まれる前から、名前やランドセルの色にまで決まった男女差があった。（昔のジェンダー）
③　現代では、名前にもランドセルの色にも男女差が消えている。職業もジェンダーフリーが拡大している。（現代のジェンダーフリー現象）
④　文化や風習に囚われず、個人に合ったものを、性別にかかわらずに選ぶ時代がやってきた。（②と③から言えること）
⑤　「男らしさ」「女らしさ」を越えた、その人らしさこそが、本当の意味でのジェンダーフリーなのだと思う。（主題によるまとめ）　尾括型

批評会によるセンテンス・アウトラインの交流

各自のセンテンス・アウトラインを用いて批評会を開きましょう。構成に齟齬がないか、より良い根拠は考えられないか、など、読み手からのアドバイスは思いがけない気づきを与えてくれるものです。アウトライン段階で修正できれば、本文の推敲がスムーズに進みます。（巻末資料5「長文合評用紙」使用）

評価規準

・主題文はわかりやすく独創性のあるものか。
・アウトラインに矛盾はないか。
・題（副題）は適切か。

センテンス・アウトラインおよび合評例（課題10「時事評論文を書く」学生作品例1および合評例参照）

課題12「センテンス・アウトラインを作る」学生作品例　N・A

題　消えるリアル書店

主題文　インターネット通販の普及がやはり大きな理由ではないかと思うのだ。

1　町から書店がどんどん消えている理由は、インターネット通販の普及ではないか。（主題文による導入）

2　アマゾンの書籍売り上げは大きく、利用者が増加していることがわかる。（通信サイトアマゾンの普及状況）

3　アマゾンは便利で、書店にはない魅力がある。（アマゾンの利点）

4　このまま書店が消え続けた場合、アマゾンが売る本しか出版されなくなり、アマゾンによる思想統制がされるかもしれない。（書店減少による危険性）

5　書店の減少に歯止めをかける対策を練らなければならない。（まとめ・結論）

センテンス・アウトライン合評例

○ **回覧前**の自己評価（作成途中における工夫点、今も悩んでいる点、など）

結局この文章では何が言いたかったのか、結論がよくわかりにくいような構成になってしまった。通販によって書店が減少していて、それには様々な危険性がともなっているということを主張したかったのだが、どのようにそれを構成していいかわからなかった。

N・A

批評欄

アマゾンで安く本を買える、という風潮のようなものがあるので、この文章はすごく効果的だと思います。3の後に、書店にしかない利点を入れると、尚良いんじゃないかと思います。

M・H

某編集会に所属しているので、アウトラインを読んだだけでめちゃくちゃ同意してしまいました。本屋で本が売れないのは、嘆かわしいことです。結論に持っていくには、M・Hさんの指摘通り、書店の利点等を増やすか、アマゾンの記述を減らした方が良いと思います。

K・K

M・Hさんと同様で、「消えるリアル書店」と題してリアル書店の消滅を危惧しているならば、リアル書店の魅力を取り入れるべきなのは間違いありません。
また、5の対策例を具体的に提示してみてはいかがでしょうか。

S・K

主題と論調の不和は皆さん指摘されている通りだと思うので、割愛します。
5での対策に具体例など混ぜ込めるともっと伝わりやすい文章になるのではないかと思います。
アマゾンの利点を出すなら、それを越える書店の利点が必要です。

O・R

主題を「アマゾンに対して危機感を覚える」という方向にしてしまい、リアルの書店がなくなるという点は、4の中にまとめて書いてしまえば、良いのではないかと感じました。

N・R

◎ **回覧後**の自己評価（アウトラインによる気づき、書き直しに向けての注意点、ほか）

悩んでいたことについて、的確なアドバイスを沢山いただけたので、とても良かった。
書きたい内容が多く、まとめ切れていない文章になってしまったので、主題に沿うように内容の取捨選択をしたい。

N・A

二　推敲は文章表現の要《かなめ》

課題13　推敲して書き直す

推敲とは

推敲は、書き上げた後だけではなく、制作の全過程にわたって行なわれるものです。書き手が何をどのように捉え、それをことばによってどう表現したのか、書き手の意図と表現との対比において、制作の全過程（取材・構想・記述）を通して、推敲は行なわれなければなりません。

文章を推敲するということは、単に誤字や脱字、文法の誤りを訂正するという段階に留まるものでなく、書き手の思考の生成・展開と密接に関わる作業であることを再認識しましょう。

条件⑱　推敲する

■手引き■

・論の展開をアウトラインで確認しながら、パラグラフ・ライティング（各段落にトピック・センテンスを置く。）によって書き進めましょう。（本書 p.102参照）

・**引用は適切に処理してください。**（巻末資料7参照）
・「誰が読んでもわかるように」、読み手が理解しやすく、共感を得やすい表現を工夫しましょう。
・しばらく時間をおいて（寝かせて）から読み返すのも効果的です。
・第三者に読んでもらえるようなら、是非そうしてください。
・推敲過程は文章表現の要と心得ましょう。

批評会による作品の交流

批評者の便を考慮して、段落に番号（①・②・③…）を振り、トピック・センテンスに傍線を引いてから、回覧しましょう。（巻末資料5「長文合評用紙」使用）

評価規準

・文の接続、段落の配置はスムーズか。
・段落内にトピック・センテンスは存在するか。
・題材（具体例や引用）は主張にふさわしいか。

課題13「推敲して書き直す」　学生作品例（アウトライン付）

アマゾンと消えるリアル書店

N・A

①　街から、書店がどんどん消えている。一九九九年には全国に二万二二九六軒あった書店数は、二〇一四年の十一月には一万三七三六軒まで減少したという。年間約三百軒、一日一店弱が閉店しているという計算になる。

②　書店の減少は、読書人口の減少とともに語られることが多い。しかし私は、インターネット通販サイトアマゾンの普及がやはり大きな原因ではないかと思うのだ。

③　今や指先一つで自宅に欲しい本が届く時代になった。アマゾンでは、二〇一二年の日本国内の売上だけで七三〇〇億円超であり、仮に四割が書籍・雑誌の売上だとしても二九〇〇億円にも上る。アマゾンで本を買ったことがないという人は少ないだろうし、書店でよりもアマゾンで本を買う機会の方が多いという人が沢山いるのではないだろうか。

④　しかし、このまま本の購入をアマゾンに依存し、書店の減少を放置していては危険なのだ。書店が減少を続け、なくなってしまったとき、私たちはアマゾンなどの通販サイトで本を購入するしかなくなる。アマゾンがもし販売する本を選別し始めたらどうだろう。アマゾンが販売しないような本は出版されなくなる。購入ができなくなる。アマゾンに簡単に思想統制されるのだ。リアルな書店が減少し続けるということはこうした危険も孕んでいる。そうなる前に、私たちは対策を練るべきだ。

⑤　例えば、書籍は再販売価格維持制度によって価格が均一であるはずだが、アマゾンではこれが少し違う。期間限定で書籍を定価から二〇パーセントオフにするキャンペーンを行っていたり、学生が安く書籍を買える期間を設けたりと、再販制度を揺るがすような行為を行っている。これらは、法によって規制するなどの対策を練るべきだ。

⑥　また書店の側でも、書店にしかない利点を最大限活用していくような取り組みが必要だ。書店員と利用客の交流、思いがけない本の購入など、リアル書店にしかできないことは沢山ある。売り場に利用客が足を運びたくなるようなキャンペーンなどを行うべきだ。

⑦　通販サイトは便利であり、活用していくべきだと思う。しかし、リアル書店をこのまま消し続けてはいけない。街から書店が消えることは、文化や思想が消えていくことに似ている。書店で自由に本を手に取り、めくる感覚を失う前に、対策を練るべきだ。

改訂　アウトライン　　**N・A**

題　アマゾンと消えるリアル書店

主題文　書店で自由に本を手に取り、めくる感覚を失う前に、対策を練るべきだ。

①　導入

街から書店がどんどん消えていて、その数は年間三百軒にも上る。

②　原因

書店減少の理由は通販サイトアマゾンの普及ではないかと考えられる。

③　アマゾンの普及率
アマゾンでの書籍の売り上げは、２１９０億円ほどであると予想される。
④　アマゾンの危険性
アマゾンに書籍の購入を頼り切っていると、アマゾンが販売しない本は出版されなくなるなど、様々な危険性を孕んでいる。
⑤　アマゾンへの対策
アマゾンが再販売価格維持制度を守るように規制するなどの対策を練るべきだ。
⑥　書店の対策
書棚の充実、サイン会の開催など、書店でしかできない取り組みをするべきだ。
⑦　まとめ
通販サイトは便利で、活用していくべきだとは思うが、書店の減少を食い止めるために対策を講じるべきだ。

推敲後の作品合評例

題名　改訂版「**アマゾンと消えるリアル書店**」　**N・A**

○　**回覧前**の自己評価（文章作成途中における工夫点、今も悩んでいる点、など）

前回アウトラインにいただいたアドバイスを活かして書き直してみましたが、生かし切れず、わかりにくく、具体的でない文章のままな気がします。

トピックセンテンスもいまいちわかりにくいです。

批評欄

アマゾンとリアル書店の課題という身近かつ切実な問いであり、引き込まれました。段落もわかりやすく主張も一貫しているのですばらしいと思います。

アマゾンによる本の選別は行われており、重大な問題を読み手に問いかけているのですばらしいです。具体例があるとより良いかも。

S・H

一行目から、すごくインパクトのある書き出しで、数字で書店の数が示されていて、とても読みやすいです。各段落に主張があり、逆説の後に意見を言っているところが、構成としてもとても良いと思います。⑦段落のラストの文の表現も好きです。

S・M

リアル書店とアマゾンとの対比から主張していて伝わりやすかったです。⑥段落キャンペーンの具体例などがあるとより良いと思いました。

N・Y

アマゾン依存の問題提起が面白い！　少し前にも「安くしないと……」的な恐喝じみた事件もあったので、時事もピッタリ。そして、論調も理路整然としており、共感しました。

K・T

◎**回覧後**の自己評価（回覧による気づき、書き直しに向けての注意点、ほか）

やはり、書店を利用してもらうための具体例を入れた方がいいなと思いました。段落構成で、もっとわかりやすくなるとも思うので、もう少し考えてみます。

推敲の重要性

回を重ねるごとに思考が深まり、説得力も増しています。他者の目を借りることで、推敲のポイントが明らかになる様子が確認できます。

三　発表に向けて

課題14　校正作業をしてみる

完成稿（ワープロの原稿用紙設定で入力し、印刷した作品）を使用して、他者の作品を校正しましょう。巻末資料8「校正記号」を参考に作業をします。

条件⑲　校正記号を使いこなす

原稿は、印刷されて公になる前に、二度、三度と厳密な校正が求められます。その際に、印刷所に対しておこなう明確な指示の仕方について学んでみましょう。

手引き

・原則として赤インクを用います。（直接作品に記入するため、校正者は署名をしましょう。）
・指示説明は、訂正文字と混同しないよう、カタカナ表記にします。　例　トル、ツメル、イキ
・正しい文字を楷書ではっきり書きましょう。
・活字にしてそのまま発表できるレベルにまで、完成度を高め合いましょう。

批評会による作品の交流

グループ（六名程度）別に、校正作業を行ないながら作品を交流します。誤りを見落とさないように、注意深く読みましょう。

評価規準

・十分に推敲ができているか。
・思考の深まり、新たな発見が確認できるか。
・活字にして広く世間に発表するに値するか。

校正作業を終えた後の自己評価例

・草稿の段階から形式的にも内容的にも改善されたと思う。今回の授業で、他者の目に触れたことで、作品はさらに良くなると思うと楽しみ。 C・H
・やはり読点は多かったようなので、少なめにするように心がけたい。誤用と指摘された部分は、自覚はしつつ書いていたが、やはり書き言葉なので正しい用法で書こうと思った。 O・N
・自分の文章の癖が分かったので、矯正していきたい。自分で気づけないこともあるのだと感心した。 M・H
・普段にも増して、人の作品を注意深くじっくりと読むことができました。二百字作文の時と同じく、一文字のニュアンス、句読点の有無の重要さを改めて感じました。今回は書き込み式だったので、新鮮でした。 N・M
・自分ではこれで完璧に書けたと思っていても、目がすべっていたのか、助詞のミスなどが指摘されて気が付いた。他にも、指摘によってこの方が分かりやすい文章になると分かって、とてもためになった。
N・A

・色々な人の文章を見て、たくさん確認したのだろうな、とわかるものでも、数か所文字化けや変換ミスがあった。直されることを最初は嫌だなと思っていたが、直されてこそだと気づいた。
M・M

・読点の扱いがものすごく難しく、明らかなミス以外は個人の文体ではと思ってしまった。自分が使っていた当然の表現にも違和感を覚える人もいて、新鮮だった。
S・H

校正の役割

小さな誤りが、作品全体の価値を大きく落とすことがあります。読者の視点に立つと作者の立場では気づかなかった種々の誤りに目が留まります。

校正の経験を、今後の文章表現活動に生かしましょう。

四　練習を終えて

十四の課題をこなして、いかがですか。手許にたまった作品を読み返し、文章表現に対する今の思いをまとめてみましょう。練習を始める前に書いた課題1や二百字作文練習後の課題8とも読み比べながら構想すると題材が広がるはずです。

最終課題15　文章表現学習を振り返る

当初の不安や疑問は、解消されたでしょうか。一方で、新たな疑問もわいたことでしょう。今後も続く文章表現学習のために、成果と課題を明らかにしておきましょう。

条件⑳　発見と創造の喜びを知る

書くことが、発見と創造につながるものであるならば、これほど楽しみなことはありません。「良い文章」（自分にしか書けない（個性的・主観的）ことを、だれが読んでもわかるよう（普遍的・客観的）に書いた文章）を心がけ、書くたびに新しい自分を見つけましょう。

■手引き■

・二千字、原稿用紙五枚以内でまとめてください。自宅学習のため、時間制限はありません。
・この本で練習した課題1～14、および条件（基礎的文章表現技術）①～⑳を振り返り、学習の成果と課題を明らかにしましょう。今後、自分一人で続けることになる生涯学習のためにも重要です。
・将来、文章表現の指導者になるとしたら、どのような指導をしてみたいか、今回の経験を基に考えてみてください。本書に対する批評を基に考えた文章表現の指導法を内容に加えてください。
・事前にアウトラインを作成し、学習の成果を活かした文章作成を期待しています。
・書き上げた後、次に一覧にした既習の技術を観点に、推敲することを忘れないようにしましょう。

批評会による作品の交流

みなで課題15「文章表現学習を振り返る」の批評会を開きましょう。

評価規準

・条件を基に、十分な振り返りができているか。
・振り返りに基づき、今後の課題や指導案が明らかにされているか。
・書くことによる発見と創造の喜びが伝わるか。

課題および条件一覧

課題1～15（□は指導前・指導中・指導後の「振り返り作文」）

条件（本書で学んだ基礎的文章表現技術）①～⑳と該当ページ

[1] これまでの作文学習を振り返る
① 原稿用紙を正しく使う（3ページ）
② 文章に題をつける（4ページ）

2 自己紹介を二百字作文で書く
③ 書き出し・書き結びに注意する（11ページ）

3 勧誘文・推薦文を書いてみる
④ 文体を使い分ける（15ページ）

4「わたしの大好物」を伝える
⑤ 五感と客観的スケールを活用する（18ページ）
⑥ ことばを的確に選ぶ（19ページ）

5　風景を描写する

6　人物を描写する

7　「ある日の出来事」を描く

⑧　二百字作文練習を振り返る

9　書評を書いて、お気に入りの本を友だちに勧める

10　時事評論文を書く

11　感性に従って、随筆を楽しむ

12　センテンス・アウトラインを作る

13　推敲して書き直す

14　校正作業をしてみる

⑮　文章表現学習を振り返る

⑦⑧叙述の順序（空間・時間）に方向性を持たせる（29ページ）

文字・符号を使い分ける（29ページ）

⑨短文（一文一義）にする（36ページ）

⑩ことばの重複使用を避ける（37ページ）

⑪首尾を照応させる（43ページ）

⑫文末表現に変化をつける（44ページ）

①〜⑫

⑬ブレーンストーミングで材料を集める（86ページ）

⑭構想を練る（101ページ）

⑮主張を絞り込む（101ページ）

⑯アウトライン（題と主題文を含む）を作成する（111ページ）

⑰センテンス・アウトラインを作成する（132ページ）

⑱推敲する（139ページ）

⑲校正記号を使いこなす（146ページ）

⑳発見と創造の喜びを知る（149ページ）

最終課題15「文章表現学習を振り返る」学生作品例1

最終課題アウトライン

題　整理してから書いてみる　W・T

主題文　やみくもに書いていても文章技術は上がらない。型を身につけることが重要。

1　この授業の成果としてどんな力が身についたのか振り返りたい。（約一五〇字）

2　これまでは書きたい内容はあってもうまくまとめることが出来なかった。（約二〇〇字）

3　二百字作文で読者の存在を意識して客観的になれたが、長い文章はまだ苦手だった。（約一四〇字）

4　アウトラインに出会うことで頭の中が整理されていく感覚があった。（約二一〇字）

5　ただやみくもに書いていてはいいアイデアも台無しだ。書くことを明確化するべきだ。（約二〇〇字）

6　現代の学校教育の各授業は、独自の意見をどう述べるかということばかりに目が行っている。方法論にもっと目を向けるべきだ。（約二〇〇字）

7　教師になったならば、書き方の基礎を教えたい。誰でも書けるようにさせたい。（約一四〇字）

8　さらに可能ならば書くことの楽しさを実感させたい。（約二〇〇字）

9　この文章もアウトラインを用いて効果的だった。これからもっと生かしていきたい。（約一五〇字）

整理してから書いてみる

W・T

先日、四月から勤めているバイト先の店長から、報告書が読みやすくなったと言われた。春学期にわたって文章表現の授業を受けてきた成果なのではないかと考えている。そこで、具体的にどのような部分において成長してきたのか、今後どう生かしていきたいか、総括としてまとめていきたい。

これまで書いてきた文章は、一言でいえばごちゃごちゃしたものだった。書くこと自体に苦手意識があるという訳ではないのだが、わかりにくいと言われてしまうことが多かった。振り返ってみると、書きたい題材や主張のぼんやりとしたイメージはあるのだが、それをそのまま書こうとして迷走してしまっていた。そのため、言いたいことはなんとなくわかるが、内容にまとまりがないわかりにくい文章になっていたのだろう。

そのような私にとって、この文章表現の授業は新鮮なものだった。二百字作文の描写の技法を学ぶということは、文章を読みやすくする、つまり読者の存在ということを強く意識させられることになった。しかし、二百字以上の文章になってくると、文章が頭の中でうまくまとまらないという問題に再びぶつかった。

そんな時に出会ったのが、「アウトライン作成」だった。これは私にとって大きな出会いであった。これまで頭の中でぼんやりと立ててきた構成を可視化したことによって、頭の中が整理される感覚があった。また、これまで段落の長さがあいまいで、ぶつ切りに多くの段落を作っていたのが改善された。アウトラインに段落ごとに書く内容をまとめることで段落が整理されたのだ。このように、ごちゃごちゃしていた文章がバランスのとれた、わかりやすいものになったと思う。

アウトラインを作るようになってから感じたことは、ただやみくもに書いているだけでは文章技術はあまり変わらないということだ。良いアイデアを持っていたとしても、やみくもに書いていては、それは暗闇の中を手探りで突き進むようなものである。それでうまくいくときもあるかもしれないが、成長としての実感を得ることは難しいだろう。国語教育で学習過程の明確化が強調されているのも、このような文脈から起こってくるものだろう。

私が高校まで受けてきた文章表現の授業は、自分の主張を前面に押し出すことばかりが強調されていた。おそらく、文章の主題を求めていく読解の授業の影響を受けてのことなのだろう。しかし、前述したように、良い主張を持っているだけでは良い文章を書き上げることはできない。これからは、あまり意識されてこなかった描写表現の方法や構想・アウトラインの作り方などの方法論にも、もっと注目されていくべきである。

これらのことを踏まえて、私が教師になったときには、書き方の基礎をしっかりと教えられるようになりたい。文章の上手下手という差はあるとしても、誰でも文章を書けるようになるということは可能であるはずだ。その書くための基礎をしっかりと教えてあげることが大事なのだと思う。

さらに可能ならば、文章を書くことの喜びにも踏み込めたら良いと思う。頭の中の構想が形に出来た時の喜びは、芸術家の喜びに通じるところがあると思う。だからこそ、その構成をしっかりと立てて、文章を書き上げていく手順を教えて行くのだ。そして、完成した時の達成感ともいうべきものを生徒たちが感じて、少しでも書くことが好きになってもらえたならば、教師としてこれ以上の喜びはないのではないかと思う。

実際にこのレポートを書くにおいても、アウトラインを作りながら作成しているわけだが、その効果を実感している。この学期の中で学んだ知識や力をここで完結させてしまうのではなく、もっと実践で生かしていきたい。それに、ここで学んだことは基礎的な内容が多いと思うので、これを土台にしながら新たな技法などをどんどん取り込んでいきたい。

最終課題15「文章表現学習を振り返る」学生作品例2

最終課題アウトライン

題　わかりやすく伝えることは難しい

S・R

主題文　文章は自分の考えや思いを相手に伝えるためのツールである。

1　「国語表現論」を通しての自身の学び（三二〇字）
2　批評会を通して気づいた文をわかりやすく書くことの難しさ（二二〇字）
3　テーマ作文における読み手に対するホスピタリティの重要性（三〇〇字）
4　教師として取り組みたい批評会（三六〇字）
5　国語教育における作文批評会の課題（三四〇字）
6　国語表現を通して子供に身に付けてほしい力（二八〇字）

わかりやすく伝えることの難しさ

S・R

「作文はむずかしい」四か月の学習を通して、まず思い浮かぶ感想だ。小学校や中学生のころに思っていた難しさとは違う。その頃は、自身が書きたいことをどうまとめればいいかということや、どうしたら制限字数に達するかということを課題にしていた。しかし、こうして毎週作文を書いてきて今感じる難しさは、どうしたら読み手に「効果的に」そして「わかりやすく」伝えられるかということだ。自分の中で意図があっても、読み手にそれが伝わらなければ、「なんで？」と疑問を抱かせてしまう。また、誤字や脱字が多いとそっちに目を向けさせてしまい、肝心な中身を受け取ってもらえなくなる。文章は自分の考えや思いを相手に伝えるためのツールである。それを再認識した。

こうした気づきができたのは、批評会のおかげである。常に自分の書いた文章が三、四人の目に触れ、そして評価されてきた。その中で、「論旨がぶれている」「むすびを変えるともっと伝わりやすい」などとコメントをもらった。自分の中では、いい文がかけたと思っても、それは所詮、自己満足にすぎず独りよがりの文章だった。考えも価値観も違う数人が読んで、「そういう考えもあるよね」と思ってもらうことが想像以上に難しいとわかった。

特に難しかったのは、「人物描写」を書く文章だった。自分はよく知る人物を誰が読んでもイメージできるように文に起こすことは相当困難だった。普段を知っているからこそ、ついつい「いつものように」「今日も」といった連続性のある言葉を使ってしまったが、読み手からすれば普段を知らないので、いらない一文になってしまう。そうした読み手への配慮を本当に細かく一文、一語におよぶまで考えなければならないということを、批評会を通して学習できた。また、他人の文章を読むことで自分は使わない表現や知らない情景・体験をすることができたのも学びの一つだ。ここで読んだ内容をまた自分の経験として、次の文を書く材料にすることができた。

こうした学びを踏まえて、自身が教師になった際には作文のグループごとの批評会を実施しようと思う。今までの自身の学習を振り返ると、小中高と作文は先生に提出するもので、誰かに読んでもらうものではなかった。せいぜい、音読でみんなの前で発表する程度だ。しかし、文章は文字からこそ伝わることも多い。誰かに読んでもらうという意識を子供たちに向けさせれば、ただ作文を書くよりはるかに誤字脱字に気を付け、そして文字も綺麗に書くだろう。そうした作文を書く前提の部分から力をつけさせることができると考える。同時に、他人の経験談を読むことでまた新しい知識を蓄え、それを通して自身の進路や夢を形成するきっかけをつくってほしいと考える。なにも「国語」という教科概念に縛られず、「進路」や「道徳」の時間に担任として取り組ませることもできるはずだ。

しかし、この批評会を義務教育や高校で行うには課題がある。それは、作文を書いてきてくれないと授業にならないことだ。誰かに読んでもらえるからこそ、書いてきてくれる子もいるだろうが一方で、だからこそ恥ずかしくて書くことをやめる生徒もいるだろう。これを機に「自主性」を持ってほしいという狙いもあるが、思春期の子に無理強いすることで余計中に閉じこもってしまう可能性もある。そこで、匿名にして教室の誰かの作文という形で、自分がワープロで打ち直したプリントを配布する形を取ろうと思う。書き手が特定できないようにすることで、自信を持って書いてほしい。また、単純な忘れを防ぐためにも作文は自宅課題ではなく授業の中で取り組ませて、一人でも多くの子が作文に向き合える時間を取りたいと思う。

作文は自己表現の場だ。自分の思いを素直に、かつ読み手に伝えられるように書くことは至難の業だが、こうした経験を少しでも早い学年からしてもらうことで、子供たちにはもっと自由に意見を言えるようになってほしい。そして、様々なものに視野を広げて、豊かな感性を持ってほしいと考える。文を書くためのスキルはもちろん大切だが、文を書く材料を集めるための力を身に付けてほしい。そのために、まずは「わかりやすく」そして誰かに「読ませる」という意識を持ってもらえる授業をできるようにしたい。国語表現を通して、国語力だけでなく、物の考え方も広げられる取り組みをしていきたい。

「振り返り作文」の意義と批評会の活用法

学生にとって「振り返り作文」は、自らの文章表現能力を客観的に捉え直し、解決すべき課題を明らかにする意味で大切です。受け身の学習態度を、主体的なものに転換する契機ともなるでしょう。

指導者にとって、学生の「振り返り作文」は「諸刃の剣」と言えます。指導の成果が示されればうれしい反面、批判も多いからです。しかし、厳しい指摘は、次なる改善策へのこの上ない手がかりになることは間違いありません。効果が出た指導は継続・強化し、問題点として指摘されたことには躊躇なく改良を試みます。この繰り返しが、文章表現指導を飽くことなく楽しみ、続けるコツであろうと感じています。

最終課題（大学では普通レポートと呼ばれる）は、指導者に提出しても、一方的に評価されるだけで、返却されないのが一般的です。まれに返されても、「よくできました」「がんばりましょう」といった印が押されているだけだと言います。

しかし、このレポートが課されたのは、学習目標を「文章表現力の向上」とする「国語表現論」という授業においてです。しかも、そのレポートの課題が、「学習の最終成果を示した上で、自らの今後の課題を明らかにせよ」というものです。授業においては、授業目標も、条件（基礎的文章表現法）も、評価規準も、全て指導者と学習者間で共有されています。各自の最終成果ともいえる文章表現作品を交流し合うことなく、指導者一人が作品を評価（享受）するだけで、授業を終える訳にはいかないでしょう。

批評会は、作品が十分に練り上げられ（推敲され）て、書き手の納得するものであればあるほど盛り上がります。批評会を、いつ、どのように設定するかは、指導者の腕次第とも言えるでしょう。

あとがき

　ことばで表現することは、確かなコミュニケーションの契機となります。自分の感覚を確かめることから始めて、まずは身近な人に伝えてみましょう。反応を見て自信がついてきたら、さらに多くの人びとに自分の考えを伝えましょう。たくさんのフィードバックを得ることで、思考は深まり、思いがけない発見にもつながります。

　絵画や音楽、ダンスやスポーツで自らを表現して楽しむのと同様、ことばによる表現の可能性がもっと広がればよいと願っています。筆記用具（パソコンやスマホも含めて）は身近にあり、いつでもどこでも手軽に書けるのですから。

　短歌や俳句を楽しむ人びとはたくさんいます。二百字作文は、定型詩ほど堅ぐるしくなく、かといって小説ほど自由度が高くないので、練習をかねて書き始めるにはふさわしい字数だと考えて活用しています。

　読むだけ、聞くだけで、受け身一方の生活から、自分で考え、書いて発信する側にも立ってみませんか。これまでとは異なる自分が見えてくるはずです。自信が持てるようになるはずです。ＩｏｔとＡＩの時代だからこそ、自分で考え、自分で何かを創造する喜びを感じてほしいのです。考えて、書く時間を大事にする生活は、人を大きく変身させます。難しそうでいて、思いがけず楽しい、手軽な二百字のマジック。あなたも書いて楽しんでみてください。本書の手引きや例文が、わずかでも、そのお役に立つことを願っています。

コツがつかめたら、後は自由に羽ばたきましょう。著者が試みたように、二百字作文の連作で長文への足がかりとするのもよいでしょうし、さらに凝縮して、短歌や俳句の世界に入るのも面白いでしょう。いずれにしても、文章表現によって、みなさんの毎日の生活が楽しく、豊かなものになることを、心より祈っています。

指導者のみなさまへ

半期の授業に合わせて課題を15に設定してありますが、条件や課題を増やして30時間（通年対応）の指導計画にすることも可能です。学生の実態に合わせて文章表現の指導計画を立てていただきたいと思います。

増えた授業時間は、そのまま翌年度の指導の「条件」や「手引き」、「題目例」や「作品例」として役立ってくれます。学習者を主体とした授業は、学習者の作品を主体とした授業でもあるのです。

学習者の作品は、いくら集めても無駄になることはありません。授業の種は作品にこそ潜んでいるからです。

過去の受講生のみなさんへ

本文中の学生作品例で、イニシャル（姓・名順）のついているものは、早稲田大学および長野大学で著者の授業を受けた学生の作品です。題目例や一、二文レベルの引用など、イニシャルのないものも同様です。

受講生のみなさんには、授業中に作品を公表することについて協力を得ましたが、ここで改めてお礼申します。みなさんとの共同によるこうした著作の発表は、著者の長い間の夢でした。ありがとうございました。

二〇一八年三月一日
マンサクの咲く日に

金子　泰子

二百字字数制限作文の書き方

左半分の一マス目から書き始め、最後のマスを句点(。)で終わらせます。

↓

番号　　　　氏名

二百字作文（課題2）

題　自己紹介文

。

巻末資料1

巻末資料2

原稿用紙の使い方──正しい書き方を覚えておこう──

・ふつうは、縦書き用の四百字詰めの原稿用紙を使うが、二百字詰めのものや横書き用のものもある。入学や入社試験の際には、字詰めの違うものに書かされることもあるが、書き方に大きな変わりはない。

・横書き用のものを使う場合は、数字は、原則として算用数字を用いることになるが、熟語のようなものは、もちろん漢数字を用いる。句読点はコンマ（，）とピリオド（.）を用いるが、（、）と（。）でも差し支えない。アルファベットや算用数字の混ざる文章の作成には、横書きの原稿用紙が便利である。

・原稿はていねいに清書して、清書後の加筆、削除はできるだけしないことが望ましい。しかし、どうしても必要なものはやむを得ない。

・上手な字よりもていねいな字を心がけよう。そして、濃く、大きく、わかりやすく書こう。

・筆記具は、特に指示のある場合は別として、ふつうは万年筆、ボールペン、鉛筆のどれを用いてもよい。ただし、色は黒（鉛筆以外は青も可）を原則とする。

・論文、レポートなどの作成の際には、参考文献名を明記しなければならない。著者名、書名（単行本の書名には、二重かぎをつけ、論文名などは、一重かぎでよい）、出版社名、刊行年。

○具体例

⑮原稿が二枚以上になる場合は、通し番号を指定箇所につける。その場合、一枚に一つずつつければよく、折った原稿用紙の両面につける必要はない。

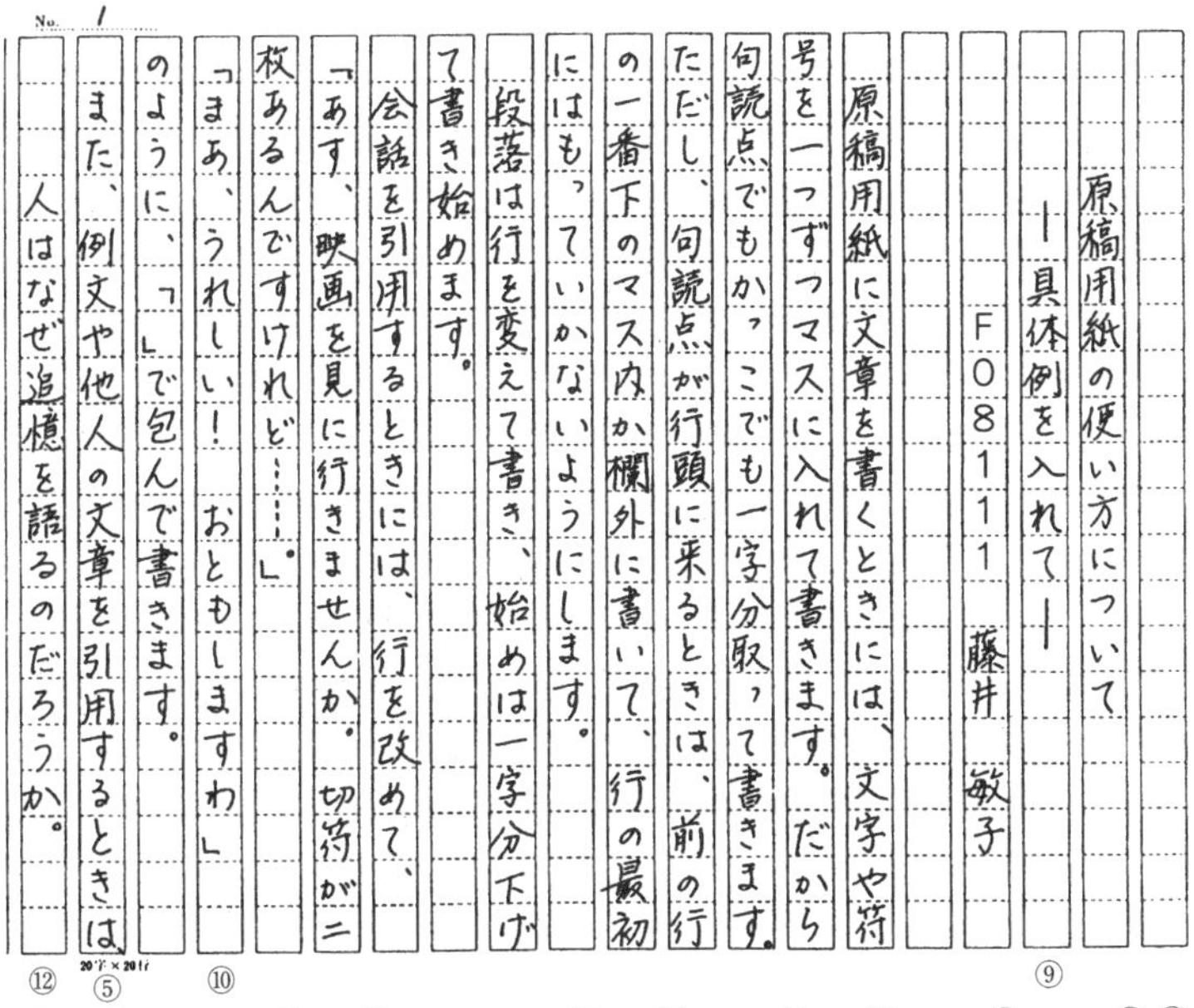

原稿用紙の使い方について
—具体例を入れて—

F08111　藤井　敏子
　原稿用紙に文章を書くときには、文字や符号を一つずつマスに入れて書きます。だから句読点でもかっこでも一字分取って書きます。ただし、句読点が行頭に来るときは、前の行の一番下のマス内か欄外に書いて、行の最初にはもっていかないようにします。

　段落は行を変えて書き、始めは一字分下げて書き始めます。

　会話を引用するときには、行を改めて、

「あす、映画を見に行きませんか。切符が二枚あるんですけれど……」

「まあ、うれしい！　おともしますわ」

のように、「」で包んで書きます。

　また、例文や他人の文章を引用するときは、
　人はなぜ追憶を語るのだろうか。

①表題は、二行目の上から二、三字下げて書く。

②副題（サブタイトル）がつく場合は、表題（メインタイトル）の下または次の行にダッシュ（—）を上下につけて示す。

③署名は、その次の行の下から二、三字上げて書く。なお、学年・組、番号なども書かなければならない場合は、姓名の上に書く。

④本文は、署名の次の行を一行あけて、一字あけて書き始める。

⑤句読点や、かぎかっこの後の部分（」）などがその行におさまらない場合には、次の行に書かないでそのまま下に書く。

⑥段落は必ず改行し、最初は一字下げて書き始める。

⑦句点（。）や読点（、）、かぎかっこ「　」、しょうかっこ（　）のような符号も、おのおの一字分とる。句読点や符号は、言葉そのものと同じか、時にはそれ以上の働きをする。慎重に、効果的に使おう。

⑧会話部分の終わりの。と」、文末の。と）とは一つのマスに入れる。

⑨挿入句の前後につけるダッシュ（—）のような場合、まだ言いたいところをことばでなく点線（…）として示す場合、二字分の長さで書く。疑問符（?）、感嘆符（!）も、一字分取るが、疑問符、感嘆符の次は、一字分あけるようにする。

⑩会話も一種の引用であるが、会話部分はふつう、

⑮

No. 2

　どの民族にも神話があるように、どの
個人にも心の神話があるものだ。その神
話は次第にうすれ、やがて時間の深みの
中に姿を失うように見える。

　　（北杜夫『幽霊』新潮文庫）⑫
のように二字下げて書くと見やすくなります。⑤
それから箇条書きの場合も、
1　必要なこと、骨組みになることを取り
出して書く。
2　一つの箇条の中には、一つの内容だけ
を述べる。
3　各箇条に番号や記号をつける。
というように一字下げて書くといいでしょう。
今、私たちのまわりには、横文字が氾濫し
ています。文章を書く場合に、アルファベッ
トをつづらなければならないときは、次のよ
うにしましょう。
⑪
……その一例には、子供の言語獲得（lan-
guage acquisition）の問題が考えられ
る。L.Bloomfieldは著書の中で、……

20字×20行

改行して行の一番上から「で始める。会話の終わりは。」としてもよいが、句点をつけず」だけでもよい。最近の小説の多くは」だけである。

⑪不要な語句は二重線で消して、その右に正しい語句を書く。挿入の際は、挿入のしるしをつけて書き加える。

⑫引用は、それが引用部分であることをはっきりさせなければならない。短い引用の場合は、「」でくくって本文の中に書いてもよいが、長文の引用はそれだけを独立させた「ブロック引用」にする方が見やすい。そのためには行頭を二字分ぐらい下げて書くとよい。出典も明記する。

⑬箇条書きは、必要なことがらを番号や記号を使ってわかりやすく分けて書き出す方法である。一字下げて書くと読みやすい。

⑭アルファベットはそのつづりの前後は、一マスの半分ずつあける。そして、活字体で、大文字は一マス、小文字は二字で一マス使って書く。つづりが途中で行末にきてしまった場合は、切ることが可能な箇所（ふつうは音節の区切りで切ることが多い）にハイフォンを入れて、行かえをする。

　横書きの際の算用数字はアルファベットの小文字と同じ要領で、一マスに二字を入れる。

巻末資料3　添削記号（指導者の用いる赤ペンの意味）

一　××××　誤字・脱字、または漢字で書きましょう。

二　～～～～（波線）　わかりにくい、もう一度考えて。

三　○○○○　わかりやすい、あるいは魅力的な表現です。

四　◎◎◎◎　◎は○よりもっとよい。◎もある。

五　＝＝＝＝（二重線）　取ってしまったほうがよい。トル。

六　（　　）　間違いではないが、無くてもよい、省いた方がよい。

七　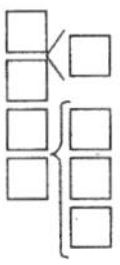　字句などを書き加える。

八　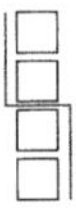　改行する。

九　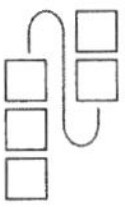　文を続ける。

十　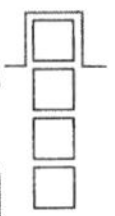　文字を下げる。

十一　　順序を入れ替える。

＊原稿用紙の上で文章を推敲するときは、七番から十一番のような校正記号を活用するとよい。

巻末資料4

二百字作文の書き方

左半分の一マス目から書き始め、
最後のマスを句点（。）で終わらせます。

↓

二百字作文合評用紙（六人用）

番号

氏名

課題

副題 ―　―

◎事後自己評価

・　署名

・　署名

・　署名

・　署名

・　署名

批評欄

○事前自己評価

。

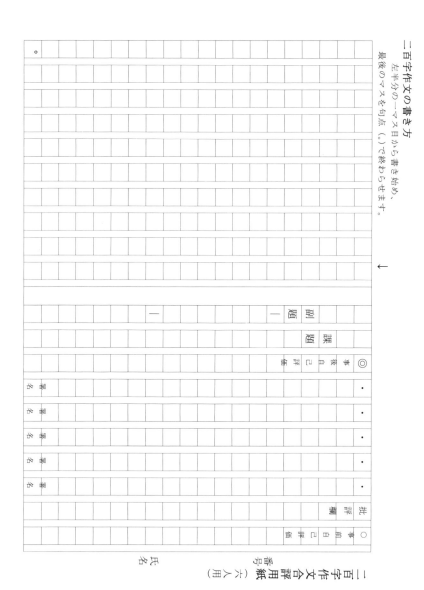

巻末資料5

長文合評用紙（作品に添えて回覧）

題名　　　　　　　　　　氏名

○ **回覧前**の自己評価（文章作成途中における工夫点、今も悩んでいる点、など）

批評欄

批評者署名

批評者署名

批評者署名

批評者署名

批評者署名

◎ **回覧後**の自己評価（回覧による気づき、書き直しに向けての注意点、ほか）

年　月　日

班別批評会報告書

□ 班

（5人用）

右に班全員の番号、作品の題目、氏名を記入。班長と書記を各1名決める。

作品番号	題目	氏名	班長／書記

我が班の結論	作品番号	氏名	人気の理由
優秀			
準優秀			

選考経過　（ディスカッションの内容を書記がまとめる）

いち押しフレーズ

巻末資料7

参考文献や引用文献を示す場合の注意

口頭のものは「知的財産」の所有権が定まっていないが、活字になった考えやデータは著者に所有権がある。自分の文章に取り込む場合は、出典をはっきりとさせた上で使うことが礼儀にかなった方法である。「他人の考えやデータ」と「自分の考えやデータ」を明瞭に区別して書くことが「科学的な文章」の基本的姿勢である。そのまま書き写して、あたかも自分の考えであるかのようにして作り上げた文章は、何の価値もないばかりか、犯罪でもある。

〈注で示す場合〉

(1)注と参考文献表の両方に記す場合と、

(2)字数が限られていてスペースがない場合は、注だけにする形式とがある。

〈本文で示す場合〉

(3)本文で、引用したすぐ後に（　）でくくって、著者名と発行年と引用ページを示す。そして、本文の後の参考文献表に、出典に関するフル情報を記す。

参考文献の示し方

・著者名の名字で五十音順に並べる。著者名がないときは、組織名、編者名、本・記事の題名の最初の文字で並べる。

・各文献の二行目以降は著者がよくわかるように一字下げる。

・番号や記号を振らない。

具体例

○本

井上尚美（一九九八）『思考力育成への方略』明治図書

井上尚美『思考力育成への方略』明治図書、一九九八年

小川洋子（二〇〇七）『物語の役割』ちくまプリマー新書

小川洋子『物語の役割』ちくまプリマー新書、二〇〇七年

＊右のように出版年の記述の方法は二通り、あるいはその他の方法もあるので、各自の専門分野の決まりに合わせてどれかに統一するとよい。

中西一弘・堀井謙一編（一九九五）『やさしい文章表現法』朝倉書店

S・I・ハヤカワ（大久保忠利訳）（一九七四）『思考と行動における言語（原書第三版）』岩波現代叢書

○学術論文

三宮真知子（一九九六）「思考におけるメタ認知と注意」『認知心理学4思考』東京大学出版会、一五七―一八〇頁

河野順子（二〇〇二）「説明的文章の学習指導改善への提案―「メタ認知の内面化モデル」を通して―」『国語科教育』第51集、六六―七三頁

杉本明子（一九九一）「意見文産出における内省を促す課題状況と説得スキーマ」『教育心理学研究』第39巻第2号、一五三―一六二頁

○一般雑誌記事

内田伸子（一九九三）「読み、書き、話す過程で生ずるモニタリング」『現代のエスプリ』No.314、至文堂、一九九三

年九月号、pp.65-78

○**新聞記事**

「広がる本屋のポイント制」『朝日新聞』、朝刊、12版、文化36面、二〇〇七年八月三〇日

○**ホームページ**

「女性の労働力人口比率」『総務省統計局　労働力調査 長期時系列データ』

http://www.stat.go.jp/howto/case1/02.htm　二〇〇七年四月十日閲覧

＊活字になったものよりも信頼度は低い。あまり乱用せず、参考に留めるのがよい。日々更新される可能性があるので、閲覧日を明記すること。

○**外国語の文献**

Hays, J. R., & Flower, L. S. 1980 Identifying the organization of writing processes. In L. W. Gregg, & E. R. Steinberg（Eds.）, *Cognitive Processes in Writing*. Hillsdale : Lawrence Erlbaum Associates, pp.3-30

＊書名が斜体になっている。

引用文献の示し方

・一字一句（句読点を含めて）正確に書き写す。（引用符の中では、「」は『』に変わる。漢数字を数字にしたり、またその逆を、断りなしに変更したりすることがある。）

・三行以下の文章は本文中に「　」で引用する。三行以上は、本文と区別して、二マス下げて、まとめて引用する。図表も同様の扱いとする。

・出典と引用ページを明らかにする。読者がその文献を手に取って確認することができるように正確に情報を知らせる。注または参考文献表にフル情報を載せ、引用部には著者名と発行年、ページ数だけを記す。

三行以下の引用の場合

河野（二〇〇二）[1]は、「メタ認知の概念は、学習者の自覚のもとに、自らが読みを統制、制御していくことが期待されるのであり、自立した説明的文章の読み手を育てることにつながると考えられる」（p.67）と記している。

＊「　」で括って原文通り本文中に挿入する。著者のフル情報は注に回す。本頁左端の例のように脚注（横書きで多用される）も可能である。

三行以上の引用の場合

浜本純逸（二〇〇一）は、「自己学習力・自己教育力」について次のように説明している。

　一九七〇年代に、「社会の変化に自ら対応できる心豊かな人間」になるには「生涯学習」が必要であると提唱された。

　一九八〇年二月に、波多野誼余夫らは、『自己学習能力を育てる』を著して、「既製の知識を身につけさせることではなく、自らが学んでいく力、あるいは自ら必要とする知識を創り上げていく力の形成に重点をおいて学校教育を進めるべきではないか」と提唱した。

＊　本文より二マス下げて、ブロック状のかたまりとして引用部が明確になるようにする。

注[1]　河野順子（二〇〇二）「説明的文章の学習指導改善への提案―「メタ認知の内面化モデル」を通して―」『国語科教育』第51集、pp.66-73

引用文献のフル情報は、注または参考文献に記す。

参考文献

浜本純逸（二〇〇一）「自己学習力・自己教育力」大槻和夫編集（二〇〇一）『国語科重要用語300の基礎知識』明治図書、p．58

巻末資料8

● 校正記号

原稿が印刷されれば校正が必要になる。校正記号はＪＩＳで決められているが、ここではよく使われる記号をとり上げた。縦組を例にしているが、横組もこれに準ずる。

（例文は、Ｊ・ピノー著、田辺貞之助訳『フランスのことわざ』――クセジュ文庫――より。

赤字が入ったかたちが田辺氏の原文で、流麗な訳である。）

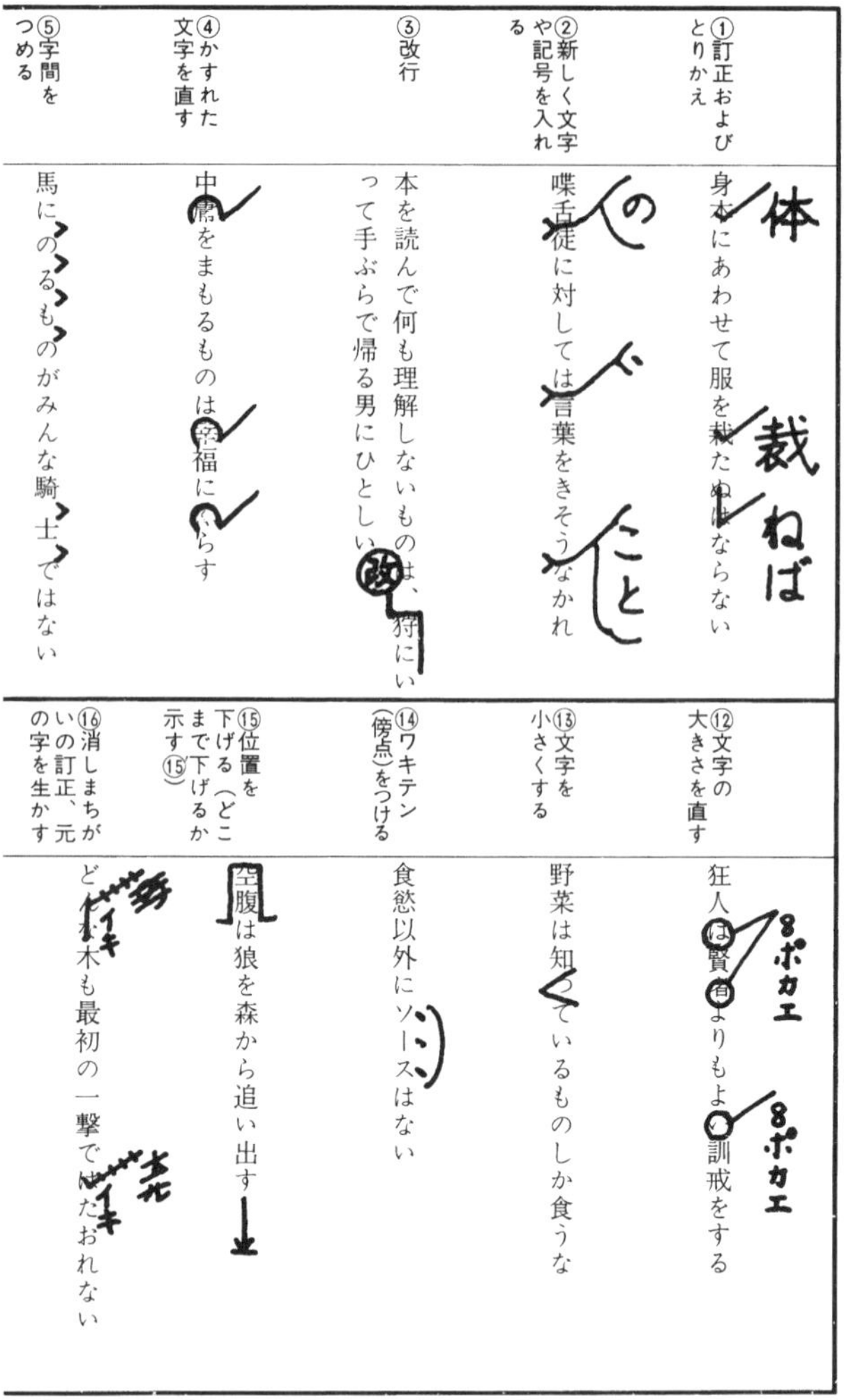

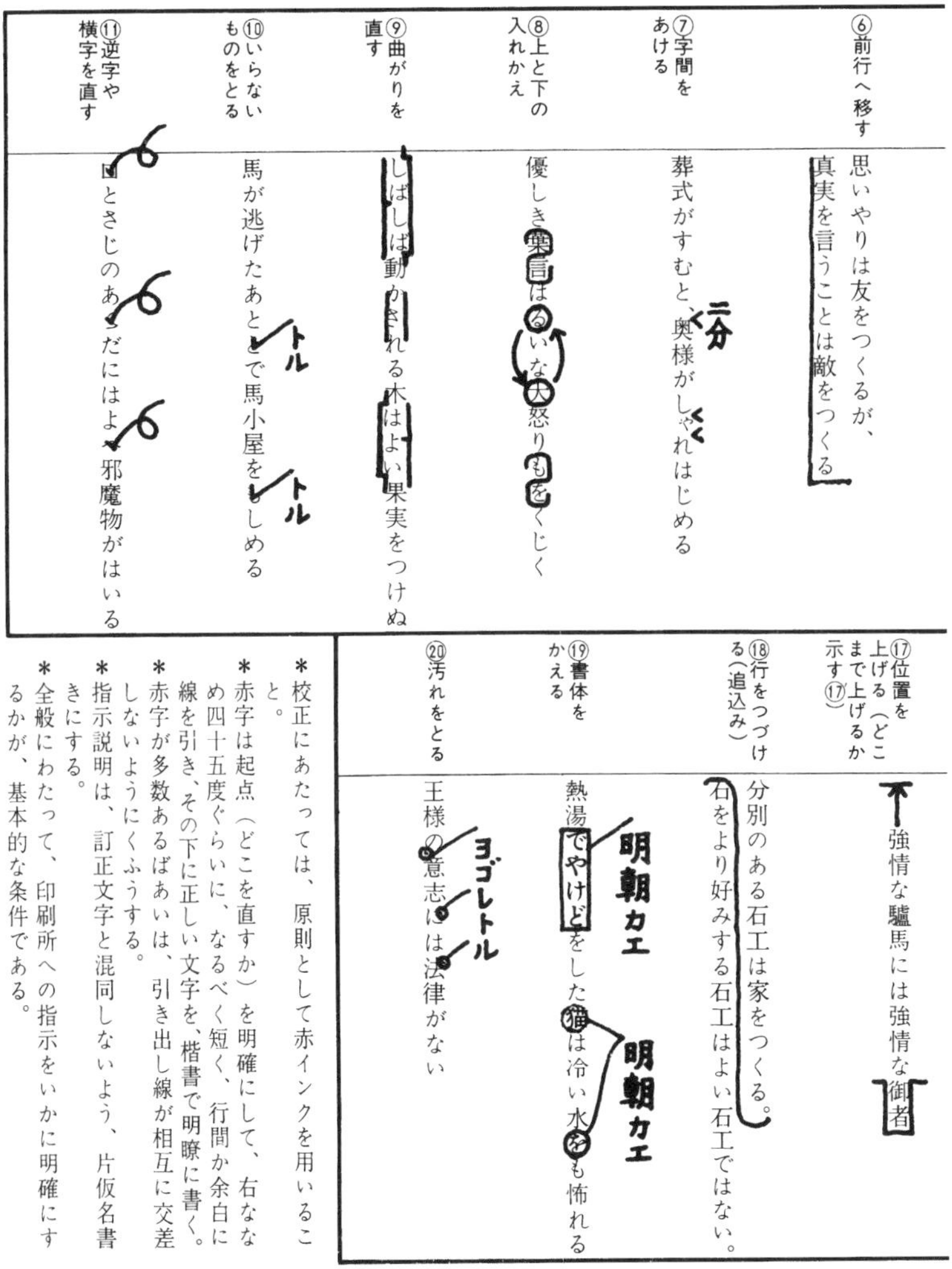

＊校正にあたっては、原則として赤インクを用いること。

＊赤字は起点（どこを直すか）を明確にして、右ななめ四十五度ぐらいに、なるべく短く、行間か余白に線を引き、その下に正しい文字を、楷書で明瞭に書く。

＊赤字が多数あるばあいは、引き出し線が相互に交差しないようにくふうする。

＊指示説明は、訂正文字と混同しないよう、片仮名書きにする。

＊全般にわたって、印刷所への指示をいかに明確にするかが、基本的な条件である。

尾川正二（一九七六）より引用

参考文献

秋田喜代美（二〇〇二）『読む心・書く心―文章の心理学入門（心理学ジュニアライブラリ）』北大路書房
梅田貞夫・清水良典・服部左右一・松川由博編（一九八六）『高校生のための文章読本』筑摩書房
同右（一九八七）『高校生のための批評入門』筑摩書房
同右（一九八八）『高校生のための小説案内』筑摩書房
尾川正二著（一九七六年）『原稿の書き方』講談社現代新書 433
樺島忠夫・中西一弘編（一九八〇）『作文指導事典』東京堂出版
木下是雄（一九八一）『理科系の作文技術』中公新書
木下是雄（一九九〇）『レポートの組み立て方』筑摩書房
共同通信社（二〇一七）『記者ハンドブック　第13版　新聞用字用語集』共同通信社
倉澤栄吉・野地潤家編（二〇〇六）『朝倉国語教育講座　4書くことの教育』朝倉書店
三森《さんもり》ゆりか（一九九六）『「描写文」の訓練で力をつける』明治図書
清水幾太郎（一九五九）『論文の書き方』岩波書店
田中宏幸（一九九八）『発見を導く表現指導』右文書院
外山滋比古（一九八六）『思考の整理学』ちくま文庫
中洌正堯・国語論究の会（二〇〇三）『表現する高校生―対話をめざす教室から―』三省堂
中西一弘編（二〇〇八）『新版やさしい文章表現法』朝倉書店
中西一弘編（一九九六）『基礎文章表現法』朝倉書店
中村明（一九九七）『知のノウハウ　文章力をつける』日本経済新聞社

深谷純一（二〇〇一）『カキナーレ　女子高生は表現する』東方出版
藤原与一（一九六七）『ことばの生活のために』講談社
本多勝一（二〇〇五）『新装版日本語の作文技術』講談社
丸谷才一（一九七七）『文章読本』中央公論社
森岡健二（一九六三）『文章構成法』至文堂
茂呂雄二（一九八八）『なぜ人は書くのか』東京大学出版会

【著　者】
金子　泰子（かねこ　やすこ）

1954（昭和 29）年大阪府生まれ
大阪教育大学大学院教育学研究科修士課程修了
早稲田大学大学院教育学研究科博士後期課程修了
博士（教育学）

上田女子短期大学、長野大学、信州大学人文学部・同国際交流センター、
早稲田大学教育学部において非常勤講師を歴任

主要著書および論文
『朝倉国語教育講座 4　書くことの教育』（共著）2006 年　朝倉書店
『新版やさしい文章表現法』（共著）2008 年　朝倉書店
「大学における文章表現指導の評価――新たに生みだし、将来につなぐために――」日本国語教育学会編『月刊国語教育研究』No.500　2013 年 12 月
『ことばの授業づくりハンドブック　中学校・高等学校「書くこと」の学習指導』（共著）2016 年　溪水社
『大学における文章表現指導――実践の記述と考察から指導計画の提案まで――』（単著）2016 年　溪水社
『国語教師が教える大学生の長作文練習－楽しく身につく豊かな文章表現－書評・評論・随筆・小説・レポート－』（単著）2020 年　溪水社

【挿絵・装丁案】
中嶋　淑美（なかじま　よしみ）／ RIK

国語教師が教える　二百字作文練習
楽しく身につくシンプルな文章表現　―短文から長文まで―

平成30年11月15日　初版第 1 刷発行
令和 3 年 3 月20日　　　第 2 刷発行

著　者　金子　泰子
発行所　株式会社　溪水社
広島市中区小町1-4（〒730-0041）
電話082-246-7909　FAX082-246-7876
e-mail: info@keisui.co.jp
URL: www.keisui.co.jp

ISBN978-4-86327-451-8 C1081